Benno Elbs
Wie ein leises Berühren

Benno Elbs

Wie
ein leises
Berühren

Gottes Spuren im Alltag

*Ein spiritueller Begleiter
durch das Jahr*

Tyrolia-Verlag · Innsbruck-Wien

Mitglied der Verlagsgruppe „engagement"

Bibliografische Information Der Deutschen Nationalbibliothek
Die Deutsche Nationalbibliothek verzeichnet diese Publikation in der Deutschen
Nationalbibliografie; detaillierte bibliografische Daten sind im Internet über
http://dnb.d-nb.de abrufbar.

© 2014 Verlagsanstalt Tyrolia, Innsbruck
Redaktion: Reinhard Maier
Fotos: Reinhard Maier
Umschlaggestaltung: stadthaus 38, Innsbruck
Layout und digitale Gestaltung: Tyrolia-Verlag, Innsbruck
Druck und Bindung: Theiss, St. Stefan im Lavanttal
ISBN 978-3-7022-3398-3 (gedrucktes Buch)
ISBN 978-3-7022-3399-0 (E-Book)
E-Mail: buchverlag@tyrolia.at
Internet: www.tyrolia-verlag.at

Inhaltsverzeichnis

Wie ein leises Berühren

In einer Spezialklinik für Frühgeborene. Die Babys sind so winzig klein und zart und zerbrechlich – sie haben oft nur 700 bis 800 Gramm –, dass sie im Brutkasten besonders geschützt werden müssen. Eine Krankenschwester erzählt mir von der kleinen Barbara, entbunden im siebten Schwangerschaftsmonat. Und ihre Mutter liegt mit einer schweren Vergiftung auf der Intensivstation. Die Situation ist äußerst kritisch. Wird sie überleben? Der Vater kommt mit dieser Situation nicht mehr zurande, verfällt in eine schwere Depression: Seine so geliebte Frau sterbenskrank, auch beim neugeborenen Baby die bange Frage: Kommt es durch? Er war nicht einmal fähig, sein Kind zu besuchen. Er hat das einfach nicht geschafft. Die Schwestern sorgten sich sehr um das Kleine. Trotz allem Bemühen, ihm Nähe zu schenken, spürten sie, wie sehr die kleine Barbara gerade jetzt die Geborgenheit der Eltern gebraucht hätte. Dann endlich, nach ein paar Tagen, kam Licht ins Dunkel. Es ging wieder aufwärts. Der Vater schaffte es wieder, seine Tochter und seine Frau zu besuchen. Die schlimmste Krise war überstanden. Beiden ging es schon wieder etwas besser. Und als die Eltern das Kleine in den Arm genommen haben, es an sich drückten, wie es die Nähe und Wärme seiner Eltern gespürt hat, da hat es gelächelt. Es ist aufgeblüht wie eine Blume.

Nur ein leises Berühren hat das Kind zum Blühen gebracht. Das leise, zärtliche Berühren – durch andere Menschen, durch Gott – bringt uns Menschen zum Blühen, zur Entfaltung.

Die Glücksforschung und die Ergebnisse der modernen Gehirnforschung belegen es wissenschaftlich: Zum Glück gehört ganz wesentlich das Gefühl des Dazugehörens. Zuwendung, Liebe sind ganz wichtige „Lebens-Mittel" für uns Menschen. Sie sind wie das Grundwasser für unsere Seele.

Die Texte dieses Buches möchten ein klein wenig dabei helfen, dem leisen Berühren Gottes in unserem Leben und in unserem Alltag nachzuspüren. Die meisten Beiträge sind im Laufe vieler Jahre als „Gedanken zum Sonntag" in den Vorarlberger Nachrichten erschienen und wurden für die Veröffentlichung leicht überarbeitet. Die Meditationen laden ein zum Innehalten, zum Hinhorchen auf das Zusammenklingen von Leben und Gottes Wort in der Bibel und zum Atemholen für die Seele.

Ich wünsche Ihnen beim Lesen, dass es Ihnen gelingt, die Ermunterung von Papst Franziskus ernst zu nehmen: „Habt keine Angst vor der zärtlichen Liebe Gottes."[1] Auch in seinem Schreiben „Evangelii Gaudium" spricht der Papst vom Revolutionären der Zärtlichkeit und der Liebe. Demut und Zärtlichkeit sind nicht Tugenden der Schwachen, sondern der Starken.[2] Die zärtliche Liebe Gottes ist es, die die Menschen zum Aufblühen bringt.

IN EINEN
NEUEN MORGEN

Der Blick in den Himmel

Wir alle haben in unserem Leben Sternstunden erlebt: eine bestandene Prüfung, ein Studienabschluss, ein schöner Ausflug mit der Familie, eine Hochzeit, die Geburt eines Kindes. Persönliche Begegnungen, tragende Freundschaften oder schöne Erfahrungen und Erlebnisse können uns da in den Sinn kommen. Jeder Mensch hat seinen eigenen Sternenhimmel, seinen persönlichen Stern, der Halt und Orientierung gibt.

Der große Philosoph Immanuel Kant meinte einmal, „die Weite des Sternenhimmels über uns und die Tiefe des moralischen Gesetzes in uns sind überzeugende Gottesbeweise"[3]. Die Weisen aus dem Morgenland, die den neugeborenen König der Juden suchen und ein Kind in der Krippe finden, wie die Bibel berichtet (Matthäus 2,1–12), haben in den Sternenhimmel geschaut. Sie laden uns ein, den Sternenhimmel über uns zu sehen und unseren Blick zu weiten.

Richte dich auf

Ein adventlicher Kehrvers beschreibt, was einen religiösen Menschen ausmacht: „Richtet euch auf und erhebt euer Haupt, denn eure Erlösung ist nahe"[4]. Der Mensch, der den Bezug zum Sternenhimmel verloren hat, ist in sich selbst gefangen und nur mit sich beschäftigt. Er unterliegt der Gefahr der Gottesferne. Religion bedeutet, aus den Gewohnheiten des Alltags aufzustehen, den eigenen Horizont zu weiten und dort die Gegenwart Gottes wahrzunehmen.

Solche aufgeschlossenen Menschen, die den Horizont im Blick haben, sind die drei Weisen. Sie folgen einer Vision, einer Hoffnung, für die es sich lohnt, das eigene und vertraute Land zu verlassen und aufzubrechen. Sie folgen dem Stern. In der Bibel werden sie nicht als Könige, sondern als weise Sterndeuter, als Menschen beschrieben, die über die Grenzen des eigenen Lebens hinausschauen und offen sind für die Zeichen der Natur, für die Zeichen des Lebens und für die Zeichen Gottes.

Gold – Weihrauch – Myrrhe

Und ihre Geschenke haben großen symbolischen Charakter. Gold steht für den materiellen Wohlstand, ein Recht eines jeden Menschen. Jeder hat Anspruch auf Arbeit, auf gerechten Lohn und das tägliche Brot. An der Krippe ertönt so symbolisch der Ruf nach sozialer Gerechtigkeit.

Der Weihrauch steht für das geistliche und religiöse Leben. Zum Menschsein im tiefsten Sinn gehört das Leben in der Gegenwart Gottes. Dort ist die Quelle der Freude. Die heilige Teresa von Avila ist überzeugt, dass Beten bedeutet, „bei einem Freund zu verweilen, mit dem wir oft allein zusammenkommen, einfach um bei ihm zu sein, weil wir sicher wissen, dass er uns liebt"[5]. An der Krippe finden die Sterndeuter – und auch wir heute – diesen Ort.

Und Myrrhe ist ein altes Heilmittel. Das Grundthema des Lebens Jesu war die heilende Zuwendung zu den Menschen, besonders zu jenen, die nicht in der Aufmerksamkeit der Welt, der Medien und der Menschen stehen.

Melodie der Hoffnung

Der Text über den Besuch der Sterndeuter in Bethlehem zeigt uns die Melodie der frohen Botschaft Jesu. Die Kinder und Jugendlichen, die nach Weihnachten als Könige verkleidet unsere Häuser besuchen, angefangen bei der Hofburg in Wien bis zur einfachen Wohnung in einer Stadtsiedlung, erinnern uns an den tiefsten Sinn unseres menschlichen Weges: Richte dich auf und erhebe dein Haupt, denn deine Erlösung ist nahe. Und wo das Licht des Himmels durch einen Menschen hindurchscheint, wird er zum Segen für andere und zu einer Sternstunde für unsere Zeit. Er bringt den Menschen auch heute die symbolischen Gaben: Gold, Weihrauch und Myrrhe in ihrer hoffnungsvollen Bedeutung.

Ein kleiner Schritt rückwärts

Wie sich die Einstellung doch ändert. Wenn vor Jahren jemand ein Plädoyer für den Verzicht gehalten hätte, hätte er sich dem Vorwurf ausgesetzt, den Menschen die Freude im Leben nehmen zu wollen. Aber heute, angesichts des Klimawandels, sprechen viele von Verzicht. Verzicht, das bezeichnet kein Fehlen, Verzicht kann vielmehr zum ganz großen Gewinn werden.

Ja zur Zukunft der Erde

Nicht erst seit die Folgen des Klimawandels immer spürbarer werden, gehört das Wort „Verzicht" zu den Kennworten einer zukunftsweisenden Haltung, die immer notwendiger wird. Der Klimawandel ist eine Realität, der sich kein Mensch auf dieser Welt entziehen kann. Es gibt viele Strategien zur Rettung der Erde, etwa neue Technologien im Bereich der Energiewirtschaft. Doch letztendlich entscheidend ist eine Veränderung der Lebenseinstellung. Besonders bei uns, in der sogenannten industrialisierten Welt. Klima- und Zukunftsforscher weisen darauf hin, dass die Welt ohne Verzicht keine Zukunft hat. Der Lebensstil in den Industrienationen raubt bereits jetzt vielen Menschen die Lebensgrundlage. Unsere Verantwortung liegt darin, unseren Kindeskindern keine restlos ausgebeutete Erde zu hinterlassen.

Ja zur Lebensqualität

Der dankbare und zufriedene Mensch stellt eine Gefahr für die Wirtschaft dar. Daher entwickeln Werbefachleute und Marketingprofis Strategien gegen die Zufriedenheit. Nur wer begehrt, ist ein Glück für den Markt.

Die Hauptstraßen zum Sinn, zum Glück des Lebens gehen aber in eine andere Richtung. Es sind die Werte des Erlebens: Freundschaft, Geliebt-Sein, Schönheit, Kunst. Es ist die Straße, die gepflastert ist mit schöpferischen Werten. Es sind sinnstiftende und zugleich verantwortungsvolle Aufgaben, beispielsweise das Begleiten eines Kindes in sein Leben. Nicht zuletzt sind es Einstellungswerte: In einer schweren Krankheit Hoffnung erleben zu dürfen, in einem unabwendbaren Unglück nicht verzweifeln zu müssen, sondern Trost zu spüren, dem Schicksal als freier Mensch zu begegnen und Sinn darin zu finden.

Ja zur Begegnung

Oft genügt ein kleiner Schritt rückwärts. Dieser führt uns zu einer Haltung der Aufmerksamkeit. Und der kürzeste Weg zu uns selbst führt immer über einen anderen Menschen. Nur ein kleiner Schritt rückwärts, hinein in die Achtsamkeit: Plötzlich kann ich die versteckte Träne sehen, die über die Wange eines einsamen Menschen rinnt. Ich höre das Zittern in der Stimme eines verzweifelten Menschen, der keinen Ausweg findet. Ich spüre die Beklemmung im Händedruck eines Menschen, der Angst hat, den das Leben überfordert. Plötzlich sehe ich das Du und kann, ja darf über dieses Du zum Ich werden.

Ja zum Traum Gottes

Jeder Mensch ist reich beschenkt mit Talenten. Sie kommen zur Entfaltung nicht durch das Haben, sondern durch das Sein. Der Weg mit Gott ist ein Weg ins Sein: ins Da-Sein, ins Mit-Sein, ins Gesegnet-Sein, ins Frei-Sein, ins Geliebt-Sein. Wenn es auch erstaunlich klingt, der Weg ins Sein führt niemals über das Haben.

Der kleine Schritt rückwärts, vollzogen in einem sinnvollen Verzicht, erhöht die Zukunftschancen unserer Erde, führt zu mehr Lebensqualität, in die sensible und tiefe Begegnung mit Menschen und damit nicht zuletzt in das Geheimnis Gottes. Oder wie es der Philosoph Martin Heidegger formuliert: „Verzicht nimmt nicht. Verzicht gibt. Er gibt die unerschöpfliche Kraft des Einfachen."[6]

Da öffnet sich der Himmel

Die Taufe Jesu am Jordan. Im Evangelium heißt es dazu: „Kaum war Jesus getauft und aus dem Wasser gestiegen, da öffnete sich der Himmel, und er sah den Geist Gottes wie eine Taube auf sich herabkommen. Und eine Stimme aus dem Himmel sprach: Das ist mein geliebter Sohn, an dem ich Gefallen gefunden habe." Bemerkenswert: Jesus hat noch nichts gesagt, noch nichts getan. Aber: „Du bist mein geliebter Sohn." (Markus 1,10f.)

Es gibt für einen Priester kaum einen berührenderen Augenblick, als wenn Eltern ihr Kind zur Taufe bringen. Ein Lächeln liegt im Gesicht der Mitfeiernden, Tränen der Freude treten in die Augen der Eltern und Großeltern. In der Taufe sagen die Eltern ihrem Kind öffentlich und festlich: „Du bist mein geliebter Sohn, du bist meine geliebte Tochter." Und sie geben ihrer Hoffnung Ausdruck, dass ihr Kind in den vielen Gefahren des Lebens beschützt ist.

Eine Liebeserklärung

Noch viel mehr aber sagt Gott in der Taufe sein tiefstes und schönstes Wort: „Ich liebe dich, du Mensch." Durch dieses Wort öffnet sich der Himmel für jeden und jede von uns

und niemand kann dieses Wort rückgängig machen. Die Taufe nimmt uns hinein in die Atmosphäre der Liebe Gottes. Andreas Knapp[7] beschreibt das sehr treffend in seinem Gedicht „Taufe":

> pränatale diagnose
> zeigt von anfang an
> die erbliche belastung
> verstrahlt durch
> die überdosis schuld
> der ganzen menschheit
> mit letalen folgen
>
> taufe aber
>
> heilwasser
> aus gutem grund
> die altlasten werden bereinigt
> alle angst abgewaschen
> du wirst in vertrauen gebadet
> gegen den tod geimpft
> im wasserzeichen des lebens

Im Alltag sehen wir freilich oft eher die Schatten, die unser Leben umgeben und uns bedrücken. Die Angst vor dem Tag. Die Angst vor Menschen. Die Last, die oft auf unserem Leben liegt. Doch ein afrikanisches Sprichwort sagt: „Wende dein Gesicht der Sonne zu, dann fallen die Schatten hinter dich."

Sich dem Licht zuwenden

Taufe heißt, wir dürfen unser Gesicht der Sonne zuwenden, Gott zuwenden. Die Taufe schafft keine schattenfreie Helligkeit um uns. Aber die Schatten müssen nicht mehr auf den Weg fallen, der vor uns liegt. Sie müssen nicht auf unseren Arbeitsplatz fallen und in unsere Familien. Sie dürfen hinter uns bleiben, wenigstens für Augenblicke und Stunden.

In der Taufe geschieht dieses große Wunder, dass Gott sich uns zuwendet. Die Taufe nimmt uns hinein in die große Familie der Töchter und Söhne Gottes. Hier sagt uns Gott, was Rose Ausländer[8] so wunderschön zum Ausdruck bringt:

Wir wohnen
Wort an Wort
Sag mir
dein liebstes
Freund
meines heißt
DU

Ich besuche mich

Wüste – bei diesem Wort denken wir an Gefahr, Trockenheit, Hitze, Durst. Dort ist Leere, Einsamkeit, Weglosigkeit, dort haben wir den Tod vor Augen. Wüstenzeiten erleben wir in Existenzängsten, in Momenten des schmerzlichen Abschieds, in zweifelnden oder verzweifelten Stunden.

Wüstenzeiten sind aber zugleich Augenblicke einer neuen Beurteilung und Sichtweise unseres Lebens. Sie führen uns an Haupt-Orte, an Sinn-Orte unserer Existenz. Sie leiten uns, um mit einem geflügelten Wort des Kabarettisten Karl Valentin (1882–1948) zu reden, nach Hause, werfen uns ganz auf uns selbst zurück: „Heute besuche ich mich, hoffentlich bin ich zu Hause."

Einige Ermutigungen können als Richtschnur dienen, um bei sich zu sein, um neue Wege zum Leben zu entdecken:

Alternativ leben – durch Konzentration auf das Wesentliche

Die Wüste als unbewohntes und einsames, unwirtliches Areal wurde in den ersten Jahrhunderten des Christentums zum bevorzugten Lebensort der Mönche. Dieses Umfeld führte dazu, dass sie sich auf das Wesentliche konzentrierten, auf ein Leben mit Gott.

Diese Haltung der Mönche können wir uns wieder bewusst machen, ganz im Sinne einer Regel von Taizé: „Bewahre in allem die innere Stille, um in Christus zu bleiben." Diese Stille führt uns zur wesentlichen Frage: Wo liegen die entscheidenden Aufgaben in meinem Leben? Wo ist sein Sinn?

Ausgewogen leben – im Spannungsfeld von Rückzug und Öffnung

In den ausgelassenen Festen des Faschings verspüren viele Menschen Einsamkeit, durchleiden Melancholie, wenn sie durch ihr Schicksal nicht an der ungestümen Freude der anderen teilhaben können. Und oft erleben wir uns in einer Spannung zwischen unseren Stärken und Fähigkeiten und den Erwartungen an uns. In vielen Lebensbereichen begegnen wir diesem Spannungsfeld, stehen wir vor der Frage: Wo brauche ich mehr Rückzug, wo wünsche ich mir mehr Öffnung auf andere Menschen hin?

Authentisch leben – durch schützende Grenzen

Eine dritte Ermutigung. Zweifellos sind die neuen Kommunikationsmöglichkeiten wie Handy, Smartphone oder Internet für uns alle eine gute Hilfe, um mit anderen Menschen in Kontakt zu kommen und zu bleiben. Wenn es jedoch nicht gelingt, dabei klare Grenzen zu ziehen, dann kann die Außenwelt zu jeder Tages- und Nachtzeit in unsere Innenwelt einbrechen. Rückzugsorte und Kraftquellen werden dadurch ausgetrocknet, liegen brach. Ermutigend können wir uns fragen: Welche Grenzen möchte, ja muss ich setzen, damit die Quellen meines Lebens nicht versiegen?

Maßvoll

In vielen Bereichen unseres Lebens gilt es, Maß zu halten und sich selbst nicht aus den Augen zu verlieren. Der Zwang, vieles zu erleben, der Zwang, überall dabei zu sein, „mitten drin" zu stehen, überfordert uns bisweilen. Körper und Seele brennen aus. Wüste, das ist der bewusste Weg hinein in eine erträgliche Durststrecke, das ist ein Aufruf zu Abgrenzung und Langsamkeit. Ziel soll sein, dass wir sagen können: Ja, ich bin zu Hause, wenn ich mich besuche.

FEBRUAR

DIE FREUDE TEILEN

Binde deinen Karren an einen Stern

„Wer einen Karren fährt, muss gut auf den Weg achten", das wissen die vielen Bergbauern, die in unserem schönen Land leben, sonst stürzt der Karren um. Es besteht sogar die Gefahr, tödlich zu verunglücken. Wir schieben den Karren vor uns her und blicken voraus, damit wir die Hindernisse sehen, die auf dem Weg liegen.

Leonardo da Vinci[9], der berühmte Schöpfer der Mona Lisa, gibt uns einen anderen Rat: Binde deinen Karren an einen Stern. Was bedeutet es, das Alltägliche, das wir tun und tun müssen, wenn es die Lebenssituation von uns erfordert, an einen Stern zu binden?

Dieser große Künstler der Renaissance ist überzeugt: Wir müssen uns an den Sternen orientieren, nicht am Boden, sonst werden wir blind. Wer seinen Karren an einen Stern bindet, der sieht über die Hindernisse hinweg und bleibt nicht an ihnen haften. Er kann seinen Karren auch bei Hindernissen mit Gelassenheit und Freiheit weiterziehen, weil er sein Herz an den Stern geheftet hat.

Das kann auch für das Fasten und Verzichten gelten. Fasten bedeutet nicht nur, sich mit kleinen Dingen abzuquälen, weniger Kaffee, weniger Schokolade, mehr Zeit für dieses oder jenes, Fasten heißt, sein Herz an einen Stern zu binden.

Ein Fasten, wie ich es liebe …

„Ist das ein Fasten, wie ich es liebe, ein Tag, an dem man sich der Buße unterzieht: wenn man den Kopf hängen lässt, so wie eine Binse sich neigt, wenn man sich mit Sack und Asche bedeckt? Nennst du das ein Fasten und einen Tag, der dem Herrn gefällt? Nein, das ist ein Fasten, wie ich es liebe: die Fesseln des Unrechts zu lösen, die Stricke des Jochs zu entfernen, die Versklavten freizulassen, jedes Joch zu zerbrechen. An die Hungrigen dein Brot auszuteilen, die obdachlosen Armen ins Haus aufzunehmen, wenn du einen Nackten siehst, ihn zu bekleiden und dich deinen Verwandten nicht zu entziehen. Dann wird dein Licht hervorbrechen wie die Morgenröte und deine Wunden werden schnell vernarben. Deine Gerechtigkeit geht dir voran, die Herrlichkeit des Herrn folgt dir nach." (Jesaja 58,5–8)

Das Herz an einen Stern hängen

Der Prophet Jesaja zeigt uns den Stern, der unser Leben prägen kann. Wem kann ich durch ein gutes Wort Freiheit verkünden aus der Enge seines Denkens, seiner Angst, seiner Verzweiflung? Wem kann ich durch eine gute Tat helfen aus der Armut, die ihn niederdrückt? Wen kann ich bei der Hand nehmen, um ihm zu zeigen, wofür er blind ist oder was er nicht mehr sehen kann, weil Tränen seine Augen trüben?

Verbringen wir unser Leben nicht mit der Bekämpfung täglicher Hindernisse, sondern hängen wir unser Herz an einen Stern, einen Stern, der uns leuchtet und auf einen anderen Horizont hinweist, auf ein jenseitiges Land.

Ich will es – werde rein!

Aussatz hat in unseren Tagen viele Gesichter: Ich bin alt. Ich bin einsam. Ich bin behindert. Ich habe Aids. Ich bin arbeitslos. Ich bin geschieden. Ich hänge an der Nadel. Ich bin finanziell ruiniert. Ich habe Schuld auf mich geladen. Ich bin Ausländer. Ich habe keinen Gesprächspartner. Und, und, und ...

Alle diese Erfahrungen führen oft in die Einsamkeit und die Isolation. Damals wie heute. Wenn keine(r) mehr in der Nähe ist und die Einsamkeit unserer Seele den Atem nimmt, dann stellt sich die Frage, was denn noch Halt gibt. Wenn kein Mensch uns hält, worauf kann man sich dann noch verlassen? Fragen, die am tiefsten bohren, bringen manchmal die wichtigsten Antworten.

Im Evangelium wird erzählt, wie Jesus einen Aussätzigen heilt, wie er diese Mauer der Einsamkeit, die einen Menschen eingeschlossen hat, durchbricht (Markus 1,40–45). Er ignoriert alle Regeln der medizinischen Vernunft von damals, indem er auf Aussätzige zugeht. Aussatz war unheilbar und extrem ansteckend. Betroffene Menschen mussten durch Schreien und Geräusche auf sich aufmerksam machen, damit man ihnen rechtzeitig aus dem Weg gehen konnte. Doch Abstand und Distanz können die Wunden der Einsamkeit nicht heilen.

Körper und Seele werden heil

Die Heilung des Aussätzigen hat mehrere Ebenen. Jesus gibt dem Kranken zunächst seine körperliche Gesundheit wieder. Der Aussatz verschwindet. Aber er geht noch weiter: Er berührt den Aussätzigen.

Mit Bedrückung denke ich an die vielen Tausend Leprakranken unserer Tage: verstümmelte Hände und Füße, entstellte Gesichter. Medikamente können den Zerfall des Körpers stoppen. Aber sie heilen nicht die Wunden der Seele. Keine Berührung aus Angst vor Ansteckung. Kein wertschätzender Blick, weil der Anblick so unerträglich ist. Keine Umarmung, weil Ekel sich breit macht. Diese Verletzungen der Seele sind nur durch Liebe heilbar. Jesus hatte Mitleid. Er streckte die Hand aus. Er berührte den Aussätzigen.

Dem Herzen schenken

Christus handelt nicht nach großen Konzepten und Plänen. Es braucht einfach den Mut zur Begegnung, den Mut, einem Menschen das Gefühl der Nähe, der Achtung, des Vertrauens zu schenken, um die Formen des Aussatzes heute zu heilen.

Der Schriftsteller Rainer Maria Rilke[10] erzählt von einer Erfahrung, die er in Paris gemacht hat. Täglich ging er um die Mittagszeit an einer alten Bettlerin vorbei. Wie unzählige andere Menschen in dieser Stadt saß diese Frau da und nahm die Gaben der Vorübergehenden entgegen, ohne jedes Anzeichen der Dankbarkeit. Rilke sagte zu seiner Begleiterin: Man müsste ihrem Herzen schenken, nicht ihrer Hand. Eines Tages erschien Rilke mit einer wundervollen Rose und legte sie in die Hand der Bettlerin. Da geschah etwas Merkwürdiges: Die Frau stand auf, griff nach seiner Hand, küsste sie und ging mit der Rose davon. Eine Woche lang blieb sie verschwunden. Dann saß sie wieder auf ihrem Platz, stumm, starr wie zuvor. Wovon hat diese Frau die ganze Woche gelebt? – Sie lebte von dieser Rose, diesem Zeichen herzlicher und menschlicher Begegnung. Überall, wo Christinnen und Christen so leben, ereignet sich, was Jesus wollte: das Reich Gottes.

———

„Dir wird der Humor wohl auch langsam vergehen?"

So begrüßte mich vor einiger Zeit ein Bekannter und spielte damit auf die damalige Situation der österreichischen Kirche an, die gerade von Skandalen heftig gebeutelt wurde. Ich war im ersten Moment etwas überrascht über diese Form der Begrüßung. Ich stellte fest, dass mir trotz der unerfreulichen Vorkommnisse die Freude an der Kirche nicht abhandengekommen war. Das Thema Humor gehört ja nicht nur in die närrische Zeit des Faschings. Und auch der Fasching ist mit eine Erfindung der Christen, die ein Gegengewicht zur Fastenzeit haben wollten.

Humor ist Medizin

Der Verhaltensforscher Konrad Lorenz[11] hat uns eindrücklich ermahnt, dass wir den Humor noch nicht ernst genug nehmen. Wenn Sie sich an Gespräche mit Menschen erinnern, die Ihnen ein Problem anvertraut haben, dann werden Sie merken, dass das Gespräch oft eine andere, eine gute Richtung nahm, wenn ein Mensch ein wenig über sich und seine Situation lachen konnte. Humor eröffnet neue Möglichkeiten der Wahrnehmung.

Viktor Frankl[12] sieht im Humor, in der Heiterkeit eine Eigenschaft, die psychische und physische Gesundheit fördert. Einer seiner heilenden Ratschläge ist die „Paradoxe Intention": Ich tue mit Humor gerade das, wovor ich mich am meisten fürchte. Hoffnung tritt dann an die Stelle der Angst.

Christen haben allen Grund zur Heiterkeit

„Christen sollte man anmerken, dass sie eine frohe Botschaft zu verkünden haben. Nichts wirkt deprimierender als ein christlicher Sprecher, der jammert und den Hörer ratlos und verängstigt zurücklässt." So meinte einmal der deutsche Bundespräsident Karl Carstens.

Eine Anekdote bringt diesen oft gehörten Gedanken auf den Punkt: Der Bischof kommt zu einer Priesterversammlung und ermutigt seine Pfarrer, die Predigten doch mit mehr Mimik und Gestik zu unterstreichen. „Wenn Sie vom Himmel reden", so sein wohlgemeinter Ratschlag, „dann machen Sie einladende Handbewegungen und ein strahlendes Gesicht." „Und wenn wir von der Hölle predigen?", will einer der Pfarrer wissen. – „Dann können Sie so bleiben, wie Sie sind."

Es tut gut, Christen mit einer ansteckenden Heiterkeit zu erleben. Heiterkeit und Fröhlichkeit sind Zeichen für eine stimmige Spiritualität. Ein heiterer Mensch verschließt die Augen nicht vor der Situation der Welt oder der Kirche. Er verdrängt das Dunkle nicht. Aber er sieht alles aus einer anderen Perspektive, aus einer Perspektive des Geistes, der auch die Finsternis durchschaut, bis er auf den leuchtenden Grund Gottes darin stößt. Wir Christen können aus der Gewissheit heraus fröhlich sein, dass der Tod nicht das letzte Wort hat. „Seid fröhlich in der Hoffnung, geduldig in der Bedrängnis, beharrlich im Gebet!", ruft uns der Apostel Paulus zu (Römer 12,12).

Ohne Lachen lässt sich nicht leben

Lachen ist gesund. Du hast Lachen nötig.
Humor ist gesund.
Ob du an diese Seite deiner Gesundheit
wohl genug denkst?
Durch deine ganzen Sorgen
machst du dir Falten in dein Herz,
und schnell hast du dann
auch Falten im Gesicht.

Lachen befreit. Humor entspannt.
Lachen kann dich erlösen vom falschen Ernst.
Lachen ist die beste Kosmetik fürs Äußere
und die beste Medizin fürs Innere.
Regelmäßig die Lachmuskeln betätigen –
das ist gut für die Verdauung,
der Appetit kommt in Gang,
und der Blutdruck bleibt stabil.

Humor gibt dir ein Gespür für die Dinge,
wie sie sich zueinander verhalten
und wie viel Gewicht ihnen zukommt.
Lachen und Humor wirken sich aus

nicht nur auf deinen Stoffwechsel,
sondern auch auf deine Umgebung.

Lachen und Humor entlasten.
Sie verringern Spannungen und Tränen.
Sie befreien vom erdrückenden Ernst
der bleiernen Probleme,
von der erstickenden Luft des Alltags.
Lachen und Humor –
das beste Mittel gegen Vergiftung
von Geist und Herz.
Lachen und Humor machen den Weg frei
zu ungeahnter Lebensfreude.

Was ist ein verlorener Tag?
Ein Tag, an dem du nicht gelacht hast!
(Phil Bosmans)[13]

Die Zeit des Lachens

Pünktlich wie die Uhr wird uns die Zeit der Buntheit, des Lärms, der Dekoration und Maskerade beschert. Wieder befinden wir uns in der Zeit des Faschings, einer Zeit des Gleichmuts und der plakativen Freude. Allerorts wird ausgiebig gefeiert, getanzt und gelacht. Viele von uns erleben den Fasching wie eine Woge des „vollen Lebens" vor der Zeit der Ruhe und der Besinnung.

Jüngst habe ich gelesen, der Humor zähle zu jenen geistigen Gaben, die uns für kurze Augenblicke Aspekte der Wirklichkeit verändern lassen. Mit Witz und Lachen werden angstmachende Momente des Lebens erträglich, oftmals sogar gelöst, aufgehoben. In einer Situation, die uns bedrohlich erscheint, schafft der Humor die notwendige Distanz, um Hoffnung zu schöpfen. Humor setzt Selbstkritik voraus. Der tiefen Erkenntnis also ist der Humor vorangestellt, so wie der Fasching der Fastenzeit vorausgeht.

Wechselspiel von Freude und Trauer

Unser Leben bewegt sich im Wechselspiel zwischen Freude und Trauer. Beides kann nur erkannt werden, wenn es auch das andere gibt. Das Lachen bleibt dabei ein Geheimnis. Es gibt das behagliche, verspielte, freudige Lachen genauso wie die verzweifelte, zynische oder gar abfällige Tollerei. Lachen ist eine zutiefst menschliche Eigenschaft, das ist gewiss. Unser Leben ist voller komischer Episoden, Ereignisse und Anlässe für humorige Äußerungen. Gelassenheit und

Humor können weise machen, wie diese „Seligpreisungen"
von Urban Camenzind-Herzog nahelegen:

„Selig die, die über sich selbst lachen können;
sie werden immer genug Unterhaltung finden.
Selig die, die einen Berg von einem Maulwurfhügel
unterscheiden können;
sie werden sich viel Ärger ersparen.
Selig die, die schweigen und zuhören können;
sie werden dabei viel Neues lernen.
Selig die, die fähig sind, sich auszuruhen und zu schlafen,
ohne dafür Entschuldigungen zu suchen;
sie werden weise werden.
Selig die, die lächeln können und kein böses Gesicht
machen;
sie werden sonnenbeschienen sein.
Selig die, die denken, bevor sie handeln, und beten, ehe
sie denken;
sie werden eine Menge Dummheiten vermeiden.
Selig die, die lächeln und schweigen können, auch wenn
man ihnen das Wort abschneidet oder auf die Zehen tritt;
sie sind dem Geiste des Evangeliums sehr nahe.
Selig die, die es verstehen, die kleinen Dinge ernst und die
ernsten Dinge gelassen anzusehen;
sie werden im Leben sehr weit kommen."[14]

Anliegen hinter den Masken

Wenn wir also bei einem Faschingsumzug hinter die la-
chenden Fassaden blicken, hinter den Lärm, hinter die
Böller und die Masken, so werden wir viele ernsthafte, tiefe

Anliegen der Menschen erkennen. Da finden sich Gruppen zusammen, die in wochenlanger Kleinarbeit ein politisches, ein gesellschaftliches oder soziales Thema in einen „Auftritt" verpacken und allen Menschen bei Umzügen präsentieren. Da werden Politiker entmystifiziert, indem über sie gelacht werden darf, da werden wichtige Themen für die Gemeinde oder die Stadt in humoriger Weise präsentiert, da nehmen sich prominente Persönlichkeiten durch ihre Teilnahme am Umzug selbst „auf die Schaufel". Sie sind es, die uns vorleben, dass Humor ist, wenn man trotzdem lacht. Auch über sich selbst. Und sich damit bestens selbst unterhält.

Humor als Geschenk

Humor ist ein Geschenk an uns Menschen. Wir werden uns im selbstkritischen Humor unserer Bedeutung und gleichzeitig unserer Unbedeutsamkeit bewusst. Humor weist weit über das Leben, das uns hier geschenkt ist, hinaus. „Dort, wo das Lachen ist, hat der Teufel keinen Platz", heißt es in einem alten Sprichwort. Der Humor verhindert, dass wir uns zu tief in eine Sache verbeißen, dass Verzweiflung an die Stelle der Zuversicht tritt. Hoffnungsfroh zu sein, heißt auch Humor zu haben.

Macht kein finsteres Gesicht

Die Zeit nach dem durchaus sympathisch oberflächlichen Fasching – die Zeit nach dem Aschermittwoch –, in der wir Einkehr halten und uns besinnen, lässt uns aus der Freude und dem Lachen der vergangenen Zeit Spuren finden hin zum wahren Leben. Zu den Wurzeln und der Bestimmung unseres Lebens. Diesen Weg sollten wir in seiner ganzen Dimension, in seiner Tiefe und Spiritualität ebenso lachend gehen. Mit Humor schaffen wir uns den Raum für diesen tiefen Atem, der notwendig ist in Zeiten des Umbruchs, in Zeiten der Belastung oder gar der Trauer. Am Ende dürfen wir Hoffnung schöpfen, dann, wenn es Ostern wird in unseren Herzen.

MÄRZ

HIMMLISCHE
STUNDEN

Der Kompass des Herzens

„Kehrt um zu mir von ganzem Herzen
mit Fasten, Weinen und Klagen.
Zerreißt eure Herzen, nicht eure Kleider,
und kehrt um zum Herrn, eurem Gott.
Denn er ist gnädig und barmherzig,
langmütig und reich an Güte." (Joel 2,12f.)

Diese Worte des Propheten Joel stehen am Beginn der Fastenzeit. Sie zeigen uns, dass Fasten im christlichen und im spirituellen Sinn etwas sehr Innerliches ist. Es geht nicht um das Äußere wie das Zerreißen von Kleidern, was in alten Zeiten als ein Zeichen von Reue, Buße und Umkehr galt, sondern es geht um unser Herz.

„Halt amol dein Herz offen"

So hieß es beim Aschermittwoch-Gottesdienst 2014 auf dem Leutbühel und in der Seekapelle in Bregenz. Schülerinnen und Schüler der Landesberufsschule 1 Bregenz hatten ihn mitgestaltet. Dem Feuer, in dem auch die Palmzweige des Vorjahres verbrannt wurden, haben sie alles Belastende übergeben, von dem sie sich in der Fastenzeit freimachen wollen: „Unsere Lustlosigkeit", „den Streit", „das Chaos des Lebens", „unsere Faulheit", „unsere Sorgen", „die Verletzungen unserer Seele", „unsere Freudlosigkeit" lasen sie da auf den Zetteln, bevor sie sie den Flammen übergaben.

Ein Feuer, das reinigt

Feuer, Asche reinigt, lässt Neues entstehen. Auf anderen Zetteln war dann festgehalten, was es für einen Neustart braucht: „unterstützende Begleiter und Freunde", „Freude am Leben", „klare Ziele", „Mut für das Neue und Ungewohnte", „Sehnsucht nach dem Lebendigen", „die Bereitschaft, uns zu versöhnen und einander zu vergeben", „innere Stärkung durch Gottes Segen".

Fasten ist, wie wenn wir den Kompass unseres Herzens neu einstellen. Er ist oft beeinflusst von vielen Dingen, die uns belasten, die uns Sorgen machen, die uns aufgedrängt werden. Deshalb weicht die Nadel dann ab von der guten Richtung. Fasten meint eine neue Achtsamkeit für das, was unsere Seele und unser Herz brauchen. Eine dreifache Achtsamkeit ist nötig:

Achtsamkeit für unsere Beziehungen. Wo gibt es Verletzungen? Wo ist Unversöhntes in unserem Leben? Wo ist ein neuer Anfang gefragt?

Achtsamkeit für unsere Schöpfung. Die Schöpfung als Ganzes ist uns anvertraut. Sie braucht Rücksichtnahme, eine intelligente Reduktion, die allen Menschen Raum zum Leben gibt. Die Zerstörung der Natur ist die Zerstörung unseres Lebensraumes. Fasten meint ein behutsames Umgehen mit den Ressourcen, die uns die Natur schenkt.

Achtsamkeit für den Sinn unseres Lebens. Wir verlieren manchmal das Wesentliche aus den Augen. Zu viel Arbeit, Stress, Konflikte lenken uns ab. Übermäßiger Genuss und Konsum verstopfen die Sinne unseres Herzens. Fasten heißt, sich zu fragen, was mein persönlicher Auftrag für mein Leben ist. Wofür lebe ich? Welchen Traum hat Gott für meinen Weg?

Fasten und Verzichten

Zum Fasten gehört auch Verzichten, weil Verzicht die Augen unseres Herzens öffnet und unsere Sinne schärft. Letztlich geht es im Fasten um das Tiefste in unserem Leben. Es geht darum, dass wir unser Herz zerreißen, nicht nur um ein äußerliches Loswerden von Kilos. Es geht darum, dass wir unser Herz zerreißen für das, was wirklich wichtig ist, für die Liebe, für unsere Beziehungen, für die Schöpfung, in der wir atmen, und für den tiefen Sinn unseres Lebens, für den Traum, den Gott im Leben eines jeden Menschen schreiben möchte.

Tabor – der Weg zum Glück, der Weg zu Gott

Der Berg hat im Leben des Menschen eine große Bedeutung. Er ist ein Ort einzigartiger Schönheit jenseits aller Zeit. Ein Ort des Überblicks, der sich zum Horizont weitet. Dorthin, wo auch unsere Sehnsucht uns hinzieht. Der Berg ist aber auch ein Ort für den Kick. Ein Ort der Gefahr und des plötzlichen Todes. Er ist ein Ort der Einsamkeit.

Jesus führte die Jünger auf den Berg Tabor, um ihnen Wesentliches für ihr Leben zu zeigen: das Glück und die Gotteserfahrung (Matthäus 17). Petrus – einer der Freunde Jesu, die dabei waren – ist begeistert und überwältigt. Er will bleiben und schlägt vor, drei Hütten zu bauen auf dem Berg.

Freudige Lebendigkeit

Was geschah in dieser Tabor-Stunde damals? Was geschieht in den Tabor-Stunden heutiger Tage und heutiger Menschen?

Es gibt viele Definitionen von Glück. Eine, die mich besonders angesprochen hat, ist, dass das Glück etwas zu tun hat mit einer freudigen Lebendigkeit.

Das Sehnen nach Glück

Die psychologische Forschung der letzten Jahrzehnte hat sich immer wieder die Frage gestellt, was denn herausragende und besonders vorbildliche Menschen zu solchen macht? Was macht sie so besonders leistungsfähig, gesund, widerstandsfähig, schöpferisch, erfolgreich? Was hilft einem Menschen letztendlich, ein glückliches Leben zu führen?

Zwei Ergebnisse haben mich besonders überzeugt. Das eine sind die Forschungen des berühmten Psychologen Abraham Maslow[15]. Er zeigt, dass es mystische Erfahrungen sind, die besonderen Menschen gemeinsam sind. Sie alle berichten in den Untersuchungen von Augenblicken, in denen sie sich einer grenzenlosen Zugehörigkeit bewusst wurden, und alles, was um sie herum war, als wahr und gut und schön erlebten. Maslow entwickelte den Begriff der „peak experiences" – Gipfelerlebnisse –, weil es seine Medizinerkollegen unpassend fanden, in der Naturwissenschaft von mystischen Erlebnissen zu sprechen.

Glück und Sinn

In eine ähnliche Richtung führen uns die Erkenntnisse von Viktor Frankl[16], der sagt, dass das Glück dort ist, wo der

Mensch im Sinn aufgeht, wo er etwas tut und gestaltet, was sein Leben im Tiefsten sinnvoll werden lässt: in schöpferischen, in kreativen Tätigkeiten, in schönen Erlebnissen und gerade auch in der Erfahrung der Hoffnung und des Vertrauens in Situationen, die das Leben schwer machen.

Mein persönlicher Berg Tabor

Ich bin überzeugt, dass alle Menschen solche Gipfelerlebnisse kennen. Dass sie – theologisch gesprochen – Tabor-Stunden erleben durften. Vielleicht erinnern Sie sich an einen Augenblick in Ihrem Leben, wo Sie eine tiefe und freudige Lebendigkeit erfahren durften, wo Sie gespürt haben, dass die Welt mehr ist als unser kleines Leben, wo Sie plötzlich aufgingen in der großen Erfahrung der Ewigkeit und des Ganzen, wo das Schöne, das Wahre, das Gute irgendwie spürbar geworden sind. Theologen sprechen dann von Gotteserfahrung.

Wir werden manchmal hineingenommen in solche Erfahrungen durch eine wunderschöne Musik, durch einen Blick in das Firmament einer sternenklaren Nacht, bei der Geburt eines Kindes, in der Erfahrung des Geliebtseins, beim Anblick eines schlafenden Kindes, im Erleben, irgendwo dazugehören zu dürfen, dabei zu sein. Es ist die Erfahrung der Zugehörigkeit, die der Gegenpol ist zu Verlassenheit und Verzweiflung. Wir fühlen uns daheim, wir sind geborgen, wir wissen uns beschenkt.

Wir verstehen, dass Petrus diese Erfahrungen nicht loslassen will. Er will auf dem Berg Tabor drei Hütten bauen, die Symbole dafür sind, dass er bleiben will. Die Lebenserfahrung zeigt uns aber, dass wir solche Augenblicke nicht festhalten können. Sie sind wie ein scheuer Vogel, der auf unserer Hand sitzt und nur so lange dort bleibt, bis wir versuchen, ihn festzuhalten. Wenn wir die Hand zur Faust ballen wollen, dann fliegt er noch im selben Augenblick davon. Glück und Gotteserfahrung brauchen ein offenes Herz, das nicht fesselt, das nicht krampfhaft festhält, das einfach offen ist für das Empfangen.

Geborgen bei Gott

Tabor-Stunden helfen uns, die schweren Wege unseres Lebens zu gehen, wenn wir durch das Tal der Enttäuschungen, das Tal der Verletzungen, das Tal der Einsamkeit gehen müssen. Wir können diesen Weg dann gehen in der Hoffnung, dass die vielen Talsohlen unserer Existenz nicht alles sind, dass nach einer Zeit der Dunkelheit, die vielleicht durch eine Krankheit, durch den Tod, durch den eintönigen Alltag in unser Leben hereinbricht, wieder diese Erfahrung des Tabors steht, die Erfahrung der freudigen Lebendigkeit, die Erfahrung der Hoffnung, dass schlussendlich unser ganzes Leben in der Hand Gottes geborgen ist.

Olympia-Gold

Bei Sportereignissen wie Olympischen Spielen oder Weltmeisterschaften prägen dramatische Rennen das Bild. Viele großartige Athletinnen und Athleten kämpfen um den Sieg. Entscheidend sind kaum wahrnehmbare Bruchteile von Sekunden. Man stelle sich das vor: Minimales entscheidet über Sieg oder Niederlage, über Berühmtheit oder Versenkung. Eine Hundertstelsekunde entscheidet über Werbeverträge, über Karriere oder Abstieg. Die Jagd um die Zeit kennzeichnet dieses Bild: je schneller, desto erfolgreicher.

Diese Mentalität hat sich vielerorts auch in unser Leben eingeschlichen: Je schneller wir sind, umso besser sind wir. Ist Scheitern damit nicht vorprogrammiert? In Beziehungen und Freundschaften, in Partnerschaften, in der Erziehung. Überall dort, wo es um den Menschen geht, gelten andere Regeln als beim Sport: Je mehr Zeit wir uns nehmen, desto besser. Beziehung braucht Zeit. Und weil wir diese oft nicht mehr haben, sterben viele den „Tod am Brot allein"; vielen Menschen fehlen Zeit und Muße für das lebensnotwendige Netz von Beziehungen. Der Mensch lebt eben nicht vom Brot allein. Das eigentliche Leben ist Begegnung.

Die andere Seite der Goldmedaille: „einfach leben"

Der eigentliche Wettkampf findet nicht im Sport, sondern im Leben statt. Gottes Lebensplan aber gleicht keiner Wettfahrt auf einer Rennstrecke von der Wiege zur Bahre. Gerne würde ich Olympia-Gold verteilen für Menschen, die Zeit haben, die warten können. Buch- und Vortragstitel wie

„Von der Entdeckung der Langsamkeit" oder „Weniger ist mehr" deuten das Bedürfnis der Menschen an, Tempo aus ihrem Leben herauszunehmen.

Entschlackung der Seele

In der Fastenzeit werden vielerorts „Exerzitien im Alltag" angeboten. Sie sind eine Einladung, einen Schritt zu den Quellen des Lebens, zu den Quellen der Kraft in unserem Leben und letztlich zur entscheidenden Quelle – zu Gott – zu gehen.

Wir brauchen Rastplätze in unserem schnellen Alltag. Davon handelt die Geschichte eines Forschers, der für eine Himalaja-Expedition eine Gruppe indischer Träger angeheuert hatte. Der Forscher war in großer Eile, denn er wollte schnell an sein Ziel kommen. Nachdem die Gruppe den ersten großen Pass überschritten hatte, erlaubte er ihnen eine kurze Rast. Nach einigen Minuten rief er aber wieder zum Aufbruch. Die indischen Träger blieben aber einfach auf dem Boden sitzen, als hätten sie ihn gar nicht gehört. Sie schwiegen und ihr Blick war zu Boden gerichtet. Als der Forscher die Inder schärfer aufforderte, weiterzugehen, schauten ihn einige von ihnen verwundert an. Schließlich sagte einer: „Wir können nicht weitergehen. Wir müssen warten, bis unsere Seelen nachgekommen sind."[17]

In unserer schnelllebigen Zeit kennen wir die Muße des Wartens nicht mehr. Im Gegenteil. Die Fülle erlaubt es kaum, über das Wesentliche des Mensch-Seins nachzudenken. Anders ausgedrückt: Unsere Seelen legen „Speck" an. Sie rufen nach Versöhnung. Weniger ist mehr. Fasten kann dazu dienen, dass die Kilos purzeln – Entschlackung des Körpers. Entschlackung der Seele ist nicht weniger wichtig.

Achtsamkeit

Das Programm der Christen ist das sehende Herz, dem die persönlichen Bedürfnisse (Selbstliebe) und die konkrete Not des Nächsten (Nächstenliebe) nicht verborgen bleiben. Gott hat sich ohne Ausnahme mit jedem Menschen verbunden. Wer das entdeckt in seinem Leben, gewinnt Olympia-Gold.

Wunden in Perlen verwandeln

Viele Menschen tragen offene Wunden, gegen die scheinbar nichts hilft. Wunden, die nicht heilen wollen. Situationen und Ereignisse, oft nur einzelne, einmalige Begebenheiten in ihrem Leben haben sie verletzt. Wunden blieben zurück, die immer wieder aufbrechen, manchmal über Jahre hinweg.

In Palästina

Ein Fernsehbild ging mir durch Mark und Bein. Da saß eine palästinensische Mutter. Auf dem Schoß ihr totes Kind. Ich sah das alte Gesicht einer jungen Frau, vom Leid gezeichnet und mit Augen, die fragend anklagen. Fassungslos, verzweifelt, leer. Die Frau. Und ich.

Ein Bild der Ohnmacht, das alles sagt, das mitteilt, was herauskommt, wenn eine Macht regiert, die das Fühlen verlernt hat. Ein Bild, das zeigt, was herauskommt, wenn eigene Interessen mit Gewalt durchgesetzt werden. Ein Bild, das sagt, was herauskommt, wenn im Kalkül der Politik ein Menschenleben nichts wert ist.

Ein dramatisches Bild in einer dramatischen Situation. Fernsehnachrichten können sein wie ein Gedicht auf unsere Menschheit. Denn: wie viele Mütter gibt es auf der ganzen Welt, die so dasitzen wie diese mir unbekannte Frau? Irakische, syrische, israelische, palästinensische, sudanesische Mütter. Es macht keinen Unterschied. Der Schmerz der Mütter über das sinnlose Leiden und den gewaltsamen Tod ihrer Kinder ist immer derselbe. Überall. Auf der ganzen Welt.

In Österreich

Und bei uns, in unserer „heilen" Welt, im Wohlstand, im Frieden? Da hat ein Kind früher oft hören müssen: Du bist zu dumm dafür. Du bist zu langsam. Du kannst das nicht. Andere sind besser als du. Mit solchen zutiefst verletzenden Botschaften im Ohr lebt es sich auch als Erwachsener schwer.

Bei anderen Menschen meldet sich ein Gefühl der Wut, wenn sie an bestimmte Personen in ihrem Leben denken. Sie erinnern sich an Gemeinheiten, an Ungerechtigkeiten, ja oft an Verletzungen durch Missbrauch und seelische Folter. Zugefügt von Mitmenschen, die ihnen nahestanden. Wenn sich auch ihre Wege trennten, tut es immer noch weh und will einfach nicht aus dem Kopf.

3

Der Weg nach Ostern

Natürlich kann ich versuchen, solche Wunden im eigenen Leben oder im Leben anderer Menschen mit allem Möglichen zu überpflastern. Aber meistens hält das nicht lange, nicht auf Dauer. In bestimmten Situationen brechen die Wunden immer wieder auf.

Die Ursachen, warum wir uns manchmal blutleer und leblos fühlen, liegen immer tief. Damit unsere Wunden heilen können, braucht es Zeit und jemanden, dem wir unsere Wunden zeigen können. Jemanden, der mit uns in die Tiefe geht, der sich versöhnlich zeigt. Der Schatz, den die Kirche jedem von uns schenkt, ist exakt diese Versöhnung.

Auch in der Feier der Karwoche ist Platz und Zeit für unsere Wunden. Wir Christinnen und Christen erinnern uns in dieser Zeit an das Leiden und Sterben Jesu Christi. Mit Jesus am Karfreitag möchten wir da schreien: „Mein Gott, mein Gott, warum hast Du mich verlassen?", wäre da nicht auch Ostern. Der französische Schriftsteller Paul Claudel schreibt: „Gott ist nicht gekommen, das Leid zu beseitigen, er ist nicht gekommen, es zu erklären, sondern er ist gekommen, es mit seiner Gegenwart zu erfüllen." Die Wunden der Menschheit sind die Wunden Gottes, und hier liegt der Anfang aller menschlichen Hoffnung.

Ich bin berührt vom Gespräch mit einem sterbenden jungen Mann, der nach einem langen Kampf die Worte sagt: „Ich lasse mich jetzt in die Hände Gottes fallen. Ich weiß, dass er es gut mit mir meint." Diese Gewissheit drückt Martin Gutl in folgendem Text über das Sterben beeindruckend aus:

Lass mich in Deine Hände fallen!

Vater, ich falle in Deine Hände!
Ich falle ins Nichts
und erfahre die Fülle.
Ich falle in Deine Hände!
Sie sind weit wie das Meer,
weit wie das All!
Deine Hände sind mein Zuhause.
Ein Daheim, das die Mauern
nicht kennt.
Niemand kann mich verstoßen
aus der Heimat Deiner Hände!
Und stirbt ein Mensch, den ich liebte,
sinkt er in Deine Hände
und ist geborgen in Dir. [18]

Die Auferstehung Jesu ist das verlässliche, hoffnungsfrohe, leuchtende Bild gegen alle Verwundungen und alle Angst. Dieses Bild dürfen wir an Ostern feiern. Dieses verlässliche Bild müssen wir immer wieder anschauen, damit in unserem Herzen die Hoffnung auf Leben ungebrochen weiterlebt. Das ist das große Wunder von Ostern, das Wunder, das wir auch für unser persönliches Leben erhoffen.

Wer für die Verletzten, die Verwundeten, die Toten schreit, darf auch Halleluja singen. Christus tritt in unser Leben, um uns zu zeigen, dass die Auferstehung das Vergebliche ins Gelingen verwandelt. Dass das Tote lebendig wird, das Dunkel hell.

Im Mittelpunkt steht da kein vor Vitalität strotzender „Strahlemann", kein erfolgreicher Manager, sondern ein geschlagener Mensch, verraten und verkauft. Er wird gedemütigt, verspottet, verwundet und schließlich getötet. Dieser Jesus von Nazareth erfährt, wie weh offene Wunden tun. Vieles musste er aushalten: erst den Jubel, den Erfolg, die Anerkennung. Dann das Kreuz, die Einsamkeit, die abgewandten Blicke. An seinem Schicksal können wir sehen: Verwundungen gehören zum Leben. Ich darf aber auch wissen, dass es nicht dabei bleibt. Denn nach jedem Karfreitag kommt Ostern, das Fest der Auferstehung. Das Leiden steht nicht am Ende. Nach dem Leid bekommen wir eine Perspektive, die Heil und Heilung bringt.

Wunden, die heilen

Jesus zeigt uns seine Wunden. Und er sagt jedem von uns damit: Zeig mir deine Verletzungen, zeig mir deine Wunden. Er sagt: Gehen wir zusammen durch diesen Karfreitag hindurch. Jesus ist da, in unserer Nähe. Jesus ist der, der zuhören kann, der uns versteht und der mit jedem von uns leidet. Und Jesus ist der, mit dem wir am Ende unsere Wunden in Perlen verwandeln können.

Ich hoffe, dass Ostern auch mir hilft, da, wo ich gebrochen und verwundet bin. Dass ich aufbreche zu neuem Leben und ganz gesund werde. Das ist die wunderbare Botschaft von Ostern. Lass uns Wunden in Perlen verwandeln.

Berührt-Sein

Viele Menschen sehnen sich nach einem tieferen Berührt-Sein im Herzen, nach Tiefgang statt Oberflächlichkeit. Wovon lassen wir uns heute noch berühren?

Kalte und oberflächliche Welt

Tagtäglich hören und lesen wir von Schicksalsschlägen, im Radio und im Fernsehen, im Internet, in der Zeitung und im persönlichen Gespräch. Und weil wir die Menschen und Einzelschicksale, die hinter den Nachrichtenmeldungen stecken, meist gar nicht kennen, werden wir auch kaum von ihnen berührt. Es ist Alltagsgeschehen geworden, von Krieg, Mord und Totschlag zu hören. Alles ist irgendwie fern. Und tatsächlich, wir können wenig dagegen tun, wenn im Nahen Osten oder in Afrika kriegerische Zustände herrschen. Oft sagt man noch, dass die Menschen dort, in der Ferne, ja eigentlich gar keinen Krieg führen müssten, wenn sie nicht wollten. Vielleicht seien sie sogar selbst schuld. Diese Antwort ist etwas zu einfach.

Die Welt, wie sie sein könnte

Als Jesus einen Blinden sieht (Johannes 9), geht er gar nicht näher auf die Frage seiner Freunde ein, die wissen wollen, warum der Mann wohl blind ist. Die Jünger wollen eine Erklärung haben, sie suchen einen Schuldigen. Genau wie wir, wenn wir hinter den Kriegs- und Schreckensmeldungen einen Schuldigen suchen. „Wer hat gesündigt? Er selbst? Oder seine Eltern?" Jesus aber geht einen anderen Weg. Heilung geschieht bei Jesus nicht durch die Suche nach einem Schuldigen, nicht durch die Jagd nach einem Sündenbock. Die Blindheit des Mannes ist eine Tatsache. Jesus fragt ihn nicht, warum er krank ist, sondern heilt ihn einfach, indem er ihn berührt. Er hinterfragt nicht lange, sondern handelt direkt. Jesu körperliche Berührung bleibt nicht oberflächlich, sondern dringt vor, mitten ins Herz des Blinden, und heilt ihn, den Körper und die Seele.

Diese Heilung am Sabbat bringt die Welt aber in Aufruhr. Gewohntes wird in Frage gestellt. Die Pharisäer kennen sich nicht mehr aus. Eine Heilung am arbeitsfreien Tag ist eigentlich nicht zulässig. Und trotzdem, etwas muss dran sein, weil jeder weiß, dass dieser Mann blind war und nun wieder sehen kann. Irgendwie muss dieser Jesus doch eine besondere Kraft haben.

Heilung des Blinden – Berührt-Sein im Herzen

Es kommt also nicht darauf an, auf alles eine Antwort zu haben. Jesus zeigt vielmehr auf, wie wichtig es ist, dass wir dort, wo wir können, unseren persönlichen Beitrag leisten. Frère Roger Schutz aus Taizé hat dies in einem einfachen Satz ausgedrückt: „Wir können nicht das ganze Evangelium verstehen. Aber das, was wir verstanden haben, das sollen wir auch leben." Begegnung heilt, schenkt eine neue Sicht, eine neue Perspektive. Nicht nur oberflächlich. Zum Beispiel, wenn ich die Hand eines sterbenden Menschen halte und die meine nicht angstvoll zurückziehe. Wenn ich die Tränen eines Menschen aushalte und nicht billig zerrede. Wenn Eltern ein weinendes Kind in die Arme schließen.

Wenn ich jemandem ehrlich verzeihen kann. Wenn ich jemanden vor Freude umarme. Gottes Heilung wirkt auch durch Menschen. „Denn Gott hat keine anderen Hände und Füße, Augen, Zungen und Ohren als die unsrigen", sagt ein Sprichwort. Es gehört zu unseren schönsten Aufgaben, Gottes Gegenwart in dieser Welt zu erleben und zu bezeugen. So schenken wir dem Leben Tiefgang und Heilung. Denn jeder Mensch hat ein Recht auf ein sinnvolles und gelungenes Leben, ganz egal wann und wo er geboren wird. Gegenseitig können wir dieses grundlegende Menschenrecht fördern und unsere eigene Welt lebenswerter machen.

Göttliches Licht kommt zur Welt,
und berührt sie, mitten im Herz.
Es bringt die Erde zum Keimen,
Wachsen und Erblühen.
Auch du, Mensch, bist berührt von Gott,
bist zum Menschsein berufen.
Öffne dich, und lass dich erfüllen
vom Licht des Himmels.
Du darfst dich entfalten auf dieser Erde,
die dich nährt und wärmt, fordert und stärkt.
(Verfasser unbekannt)

APRIL

WUNDEN HEILEN

Wenn Seelen sich berühren

Eine Situation des Umbruchs ist für die junge Kirche die Zeit zwischen der Kreuzigung, der Auferstehung Jesu und Pfingsten. Für viele ist der Traum Jesu am Kreuz zu Ende. Gescheitert. In anderen erwächst enormer Mut, weil sie erfahren durften, dass Jesus lebt. Sie sind dem Auferstandenen begegnet.

Eines verbindet sie alle: Sie sind Suchende, voller Sehnsucht, voller Hoffnung. Die Kirche ist jung, ungefestigt, vielen Angriffen ausgesetzt. Die bange Frage geht um: Wie geht es weiter? Die bewundernswerte Anne Frank, verfolgt und getötet, schreibt in ihrem Tagebuch in ihrem Versteck vor der Verfolgung durch die Nationalsozialisten auf eindrückliche Weise über diesen Gefühlszustand:

Ich weiß, dass ich suche

Die Sonne scheint, der Himmel ist tiefblau, es weht ein herrlicher Wind, und ich habe solche Sehnsucht. Ich sehne mich nach allem, nach Freiheit, nach Freunden. Ich sehne mich danach, mich aussprechen zu können und allein zu sein.

Ich möchte meinem Herzen Luft machen und weiß auch, ich kann es nicht. Ich bin unruhig, laufe von einem Zimmer ins andere, stehe am geschlossenen Fenster und möchte die Luft von draußen durch die Ritzen atmen, fühle mein Herz klopfen, als ob es sagte: Stille doch endlich meine Sehnsucht.

Ich glaube, dass es Frühling ist, ich fühle ihn in meinem

ganzen Körper und in meiner Seele. Ich muss mich zwingen, ruhig zu bleiben, ich bin total durcheinander.
Ich weiß nur, dass ich mich nach etwas sehne.[19]

Es ist vieles, nach dem wir uns sehnen, nach dem wir suchen. Wir suchen Glück, Arbeit, Heimat, Antwort, Sinn,
Zukunft, Freundschaft, Frieden. Wir suchen nach einem
Menschen, der uns versteht, uns Mut macht, uns vergibt,
uns aufmuntert, zu uns steht, uns die Hand reicht. Groß ist
das Suchen unserer Herzen.

Liebst du mich?

Und in diesem Suchen begegnet uns eine der berührends-
ten Stellen in der Heiligen Schrift. Es ist die Begegnung des
auferstandenen Herrn mit Petrus. Und etwas ist überra-
schend und befreiend: Jesus fragt nicht nach der Leistung.
Noch ehe der Hahn gekräht hatte, hat Petrus ihn ja drei
Mal verleugnet. Das Versagen ist nicht mehr wichtig. Jesus stellt ihm nur die entscheidendste aller Fragen, und er
stellt sie ihm drei Mal: Simon, Sohn des Johannes, liebst du
mich? Diese Frage Jesu gilt auch jedem von uns. Wir können unseren eigenen Namen einfügen: Alexander, Bernd,
Carmen, Doris, liebst du mich?

Neue Farbe für unser Leben

All unser Suchen, alle Sehnsucht unseres Lebens bekommt
eine andere Farbe, wenn es aus der Beziehung zu Jesus
Christus geschieht. Die Fragen, Ängste, Unsicherheiten, die
alle Apostel Jesu kannten wie wir heute, sie werden heller,

sie werden von Hoffnung durchflutet – selbst dann, wenn unser Ja zögerlich und leise ist.

Im Blick auf das Leben Jesu können wir die Kunst des Liebens lernen, indem wir uns vertraut machen mit seinen Worten, von der Geburt bis zum Ende: Wie er mit seinen Eltern gelebt hat, wie er die Kinder angenommen hat, wie er mit Feinden umgegangen ist, wie er seine Schüler gelehrt hat, wie er ihnen die Füße gewaschen hat, wie er die Auseinandersetzung nicht gescheut hat, was er für die Kranken und Benachteiligten getan hat, wie er gebetet und wen er seliggepriesen hat.

Im Suchen liegt das Paradies

„Im Suchen liegt das Paradies." Diesen schönen Gedanken äußerte ein Freund, mit dem ich über jene Stelle des Evangeliums diskutierte, in welcher der Apostel Thomas zum Glauben an den Auferstandenen kommt. Er hilft durch seine Zweifel auch unserem Glauben an die Auferstehung (Johannes 20,19–31).

Was kann helfen im Suchen nach dem Geheimnis von Ostern? Auferstehung, wie ist diese zu verstehen in unserem Dasein? Vielleicht helfen ein paar Bilder, uns die Augen des Herzens zu öffnen.

Ostern und der Frühling

Seit dem Konzil von Nizäa im Jahr 325 ist der Ostertermin auf den ersten Sonntag nach dem Frühlingsvollmond festgelegt. Wir erleben in dieser Zeit die Erneuerung der Natur. Knospen öffnen sich, Blüten entfalten ihre Farbe und ihren Duft. Aus den Ästen der Bäume bricht das Grün hervor. Es liegt eine enorme, faszinierende Kraft in der Schöpfung, die in diesen Wochen alles verwandelt. Mitten im Zweiten Weltkrieg schrieb der Schriftsteller Shalom Ben-Chorin das Gedicht vom Mandelzweig: „Freunde, dass der Mandelzweig sich in Blüten wiegt, das bleibt mir ein Fingerzeig für des Lebens Sieg."[20] Ein Mandelzweig als Symbol der Hoffnung gegen Krieg und Vernichtung, gegen den Tod und die Trostlosigkeit. Wer nach dem Geheimnis der Auferstehung sucht, findet in der Natur eine gute Lehrmeisterin.

Ostern und die Raupe

Ostern, das ist Verwandlung. Die Metamorphose der Raupe, die sich entwickelt zum Schmetterling, ist ein weiteres Bild, das uns im Verständnis dieser Verwandlung helfen kann. Oft habe ich mit Sterbenden über dieses Hoffnungsbild an der Grenze des Lebens gesprochen. „Das Leben wird uns nicht genommen, es wird vielmehr gewandelt", so heißt es in den Gebeten bei einer Beerdigung. Wir kennen dieses Bild: Die Raupe wird zur Puppe, die den flatternden Schmetterling entlässt. Aus einer toten Haut schlüpft ein Schmetterling, der seine wunderbaren Flügel entfaltet. Großartige Stationen der Verwandlung. Eine Kraft, die in der Schöpfung liegt und auf Entfaltung drängt.

Ostern und die Wunden

Berührend ist die Begegnung des Apostels Thomas mit Jesus. Nicht durch Glanz oder Schönheit erkennt er den Auferstandenen, sondern an seinen Wunden. Wo die Wunden sind in meinem Leben, dort ist auch der Ort Gottes. Nicht große und schöne Worte überzeugen. Die Not und der Zweifel des Thomas führen zur Berührung der Wunden Jesu. In dieser Begegnung heilt sein Zweifel, erfährt sein Fragen eine Antwort, die sein Leben verändert.

Ein Osterspaziergang und die Begegnung des auferstandenen Christus mit den Fragen des Apostels Thomas können uns hineinführen in das Geheimnis der Auferstehung. Im Suchen liegt das Paradies. Was für ein wunderbarer, treffender Satz. Im Suchen liegt das Paradies. Das Leben, die Wunden, sie werden nicht genommen, sie werden gewandelt.

Ostern, ein Weg

Ostern. Die Erfahrung der Auferstehung für das eigene Leben, die Verwandlung der Trauer und Mutlosigkeit in Hoffnung und Lebensfreude, das braucht manchmal seine Zeit. Ostern, das ist ein Weg, ein Prozess.

Oft genug stehen wir vor Gräbern, nicht nur solchen, die der Tod uns bereitet, sondern auch vor zerstörten Hoffnungen und Lebenskonzepten. Ostern rückt durch unsere Zweifel manchmal in weite Ferne.

Gespräche sind Licht

Die Emmausgeschichte (Lukas 24, 13–35), die Zweifel der Apostel nach der Auferstehung, beschreibt den tiefen, österlichen Weg. Zwei Jünger verlassen den Ort der Hinrichtung Jesu, den Ort ihrer verlorenen Hoffnungen, und gehen in ein Dorf namens Emmaus. Enttäuschung und Trauer über den Tod Jesu lenken ihre Schritte. Ein zunächst Unbekannter gesellt sich zu ihnen. Ein Gespräch beginnt. Vergangenheitsbewältigung der Ereignisse der letzten Tage: der Versuch, die Erlebnisse zu verstehen. Und schließlich am Abend ein Mahl. Sie erkennen den Messias. Das Brechen des Brotes führt die zwei enttäuschten Jünger in das Geheimnis der Auferstehung. Jesus ist da, Christus lebt.

Wunden sind Leben

Das Evangelium (Johannes 20, 19–31) erzählt vom ungläubigen Thomas. Ein Mensch mit Zweifeln. Ein Mensch, der Fragen hat. Was erzählt uns Thomas' Haltung? Wir sehnen uns nach der perfekten Kirche, nach der fehlerlosen Welt, nach dem absoluten Menschen. Ostern heißt: Wunden gehören zum Leben. Für den Apostel Thomas ist Christus an seinen Wunden erkennbar. Sie sind wichtig, sie sind wie ein Brennpunkt, der alles Leid, alle Angst, alle Not von Menschen ernst nimmt, bündelt und in einen neuen Horizont, in den Horizont des Lebens und der Zukunft, stellt. Ostern ohne Wunden gibt es nicht.

Liebe macht schön

Ein kleines Mädchen hatte eine Puppe, ganz zerzaust und zerlumpt. Eines Tages sagte eine Dame zu dem Mädchen: „Liebes Kind, willst du nicht eine neue Puppe, die ist doch wirklich nicht mehr schön?" Die Kleine, ganz überrascht und erstaunt, sah ihre Puppe an, schloss sie plötzlich fest in ihre Arme und drückte sie ganz lieb an sich. Dann drehte sie sich der Frau zu und sagte mit strahlenden Augen: „Schau, jetzt ist sie wieder ganz schön!"

Oft ist unser Leben zerzaust, durcheinander. Ostern heißt, dass Gott unser Leben, uns selbst fest an sein Herz drückt. Ostern ist das Fest der Schönheit von uns Menschen, weil Gott uns liebt und uns in seine Arme nimmt. Wenn wir uns vielleicht selbst hässlich und unansehnlich finden, gerade dann nimmt er uns fest in seine Arme, um im Bild der Geschichte zu bleiben. Das ist Ostern. Nicht im Tod, nicht im Hässlichen, nicht in den Verwundungen stecken bleiben, sondern sich in seine Arme werfen, um „schön" und „heil" zu werden.

Die Wunden der Welt

Unsere Welt hat Wunden. Auch Christus selbst ist verletzt. Gott hat sich verwundbar gemacht.

Da sind die kleinen Wunden: die spürbare Herabsetzung, weil ich vielleicht nicht so funktioniere wie die anderen. Das böse Wort, das mich trifft und nicht aus dem

Herzen geht. Mein missbrauchtes Vertrauen, das mich zurückzwingt in mein Schneckenhaus.

Und dann ist da die Kette der großen Verletzungen, die uns in dieser Welt umgeben: Ein Kind wird entführt und ermordet. Ein Autounfall, bei dem junge Menschen sinnlos ihr Leben lassen. Unzählige Kriege, in denen Menschen sterben. Tausende Flüchtlinge, die von einem Ort zum nächsten getrieben werden und die niemand haben will.

Es sind dies nur ein paar Beispiele für viele Situationen, die nach Erlösung seufzen. Und inmitten dieser Wunden hören wir den Schrei Jesu am Kreuz: Mein Gott, mein Gott, warum hast du mich verlassen? Die Wunden der Menschheit sind die Wunden Gottes. Schreie, die durch die Welt hallen. Und unser Schrei gilt Gott: Wo bist du!? Wir klagen: Wie kann Gott das alles zulassen!?

Heilung durch einen „ohnmächtigen Gott"?

Wir sehnen uns nach jener „Macht", die endlich aufräumt mit allem Leid, mit aller Unsicherheit, mit aller Gewalt, mit aller Bosheit. Sind nicht wir es, die mit dem Ende kleiner Bösartigkeiten die Kette der großen Wunden durchtrennen können? Ist es nicht Jesus, der uns ein anderes Gesicht Gottes zeigt? Einen liebenden Gott, der unter Verzicht auf menschliche Macht und Gewalt den Menschen begegnet. Das können wir immer wieder schwer verstehen. Besonders in Situationen der Not.

Gott kam als Kind zur Welt. Was für eine Provokation gegenüber den Reichen, den Mächtigen! Gott stirbt qualvoll am Kreuz. Was für eine Provokation gegenüber seinen Aggressoren!

Dietrich Bonhoeffer schreibt: „Gott lässt sich aus der Welt hinausdrängen, ans Kreuz, Gott ist ohnmächtig und schwach in der Welt, und nur so ist er bei uns und hilft uns."[21]

Ostern – der Sieg der verletzbaren Liebe

Etwas wird deutlich. Die Liebe ist verletzlich, verwundbar, aber sie ist immer stärker als der Tod. Die Güte des Herzens ist die Kraft, die unsere Welt am grundlegendsten verändert. Darum haben Machthaber auch immer Angst vor jenen, die mit dem Schwert der Liebe kämpfen – Mahatma Ghandi, Martin Luther King, Mutter Teresa u. v. m.

Die Auferstehung Jesu ist das verlässliche Bild gegen alle Verwundungen und alle Angst. Dieses Bild dürfen wir an Ostern und an jedem Sonntag als einem kleinen Osterfest feiern. Dieses verlässliche Bild müssen wir immer wieder anschauen, damit in unserem Herzen die Hoffnung ungebrochen weiterlebt.

Hoffnung durchflutet das Leben

Vor kurzer Zeit saß ich am Sterbebett einer jungen Frau. Eine Mutter, die kleine Kinder hinterlässt und einen Mann. Das sind wohl die schwersten Stunden im Leben. Schwer auch im Beistehen, im Nicht-direkt-betroffen-Sein. Und dann passieren Wunder. Sie hat vom Auferstandenen gesprochen. Die junge, sterbende Frau hat davon gesprochen, dass sie sich jetzt in die Hände Gottes fallen lässt. Sie, die eigentlich Trost braucht, hat ihre Familie getröstet. Und so rief sie auch mir in Erinnerung, dass das Sterben kein

Schlusspunkt ist, sondern ein Doppelpunkt. Vor uns liegt das Leben. In der Schwere des Abschieds, der uns alle betroffen macht, ist alles durchflutet von einer Hoffnung und von einer tiefen Freude, in der Hand Gottes geborgen zu sein. Das hat uns diese junge Frau damit deutlich gezeigt. Das Leben ist stärker als der Tod. Mit Ostern verliert der Tod seinen Stachel. Christus ist erstanden. Wir auferstehen in Christus.

Die Zusage

Zuerst das Drama des Karfreitags. Dann wurde die Angst und Verzweiflung, die das Sterben Jesu am Kreuz bei den Jüngern ausgelöst hat, durch das österliche Auferstehungserlebnis in Hoffnung und Zuversicht gewandelt. Die Begegnungen mit dem Auferstandenen waren sehr intensiv, aber leider auch gezählt, denn nun steht der Abschied von dieser Welt bevor. Vierzig Tage nach Ostern stehen die Freunde Jesu schon wieder vor einem großen Abschied: Christi Himmelfahrt.

Jesus hat getan, was er als Mensch tun konnte und musste. Vor seinem Abschied von der Erde hinterlässt er seinen Freunden aber ein gewaltiges Versprechen: „Ich werde meinen Vater bitten und er wird euch einen anderen Beistand geben, der für immer bei euch bleiben soll" (Johannes 14,15–21). Ein Beistand aus dem Ewigen. Jesus verspricht den Heiligen Geist.

4

Worauf verlasse ich mich?

Nun aber ehrlich gefragt – rechnen wir heute noch mit einem göttlichen Beistand, mit dem Heiligen Geist? Oft habe ich den Eindruck, dass wir uns vielmehr auf unsere Versicherungen verlassen. Alles kann ich versichern: mein Haus, mein Auto, meine Rente, meinen Urlaub, sogar meine Gesundheit und mein Leben. In allen Lebenslagen kann ich einen Berater oder eine Beraterin hinzuziehen: einen Anlageberater, Gesundheitsberater, Lebensberater, Versicherungsberater, einen Therapeuten oder auch einen Arzt. Wenn man diese Liste so ansieht, dann bleibt eigentlich kein realistischer Platz mehr für Vertrauen oder gar für einen göttlichen Beistand im alltäglichen und konkreten Leben.

Manche Menschen meinen sogar, dass es sich hierbei um ein leeres Versprechen Jesu gehandelt habe. Ein Blick etwa auf die Zahl der Priester, der Ordensleute, oder auch auf viele schwierige menschliche Situationen lässt offensichtlich viele Menschen an der Wirksamkeit dieses Beistands durch den Heiligen Geist zweifeln.

Gesichter des Guten

Wenn wir uns andererseits aber nach dem Guten in unserer Welt umsehen, dann bekommt dieser Beistand, der Heilige Geist, sehr wohl ein Gesicht, ja sogar viele Gesichter. Ein altes Sprichwort sagt: „Liebe heißt, ein Wunder zu sehen, das für andere unsichtbar ist." Mit diesen Augen der Liebe, mit den Augen des Herzens begegnen mir tagtäglich konkrete Spuren des Beistandes, den Christus uns zugesagt hat:

- Menschen, die ihren Reichtum und Überfluss teilen und anderen dadurch Zuversicht schenken.

- Ein Freund, der jemandem zuhört, dessen Herz voll von Angst, Klage und Sorge ist.
- Eine Mutter, die ihr weinendes Kind in die Arme nimmt und es tröstet.
- Eine Frau, die am Sterbebett ihrer Freundin sitzt und die Hand nicht zurückzieht, wenn diese den letzten Atemzug tut und ihr Leben Gott übergibt.
- Zahlreiche Menschen, die in Rettungsorganisationen ihr Leben einsetzen, um anderes Leben zu retten.

So gibt es unzählige Menschen, die aus Liebe handeln und die dadurch diesen Beistand Gottes in dieser Welt konkret werden lassen. Genau dies ist das Wunder von Pfingsten. Leider bleibt es für viele unsichtbar, weil sie es vielleicht gar nicht sehen wollen oder können. Jesus konnte nicht ewig als Mensch auf dieser Welt bleiben. Er konnte nur ein Beispiel geben und uns den Beistand Gottes zusagen. Wo heute also konkret die Güte des Herzens, wo die Liebe wohnt, dort ist auch Gott, dort ist Beistand, dort wird das Versprechen, das uns Jesus gegeben hat, auch erfüllt.

MAI

WASSER UND
FEUER

Der Geist des Dialogs

Manches erschüttert mich, wenn ich die täglichen Nachrichten beobachte: Kriege, Terror und Gewalt. Die Kultur, besser gesagt Unkultur der Sprache mancher Politiker. Leserbriefe, die andere Menschen beschimpfen. Postings in Internetforen, die menschenverachtend sind. Rücksichtslose Profitgier, die auch über Leichen geht, die Zerstörung der Schöpfung, die unser aller Lebensraum ist ...

Christen dürfen nie den Weg der Gewalt gehen. Sie sind unwiderruflich zum Dialog verpflichtet, mit der Welt, mit den anderen Religionen und innerhalb der Kirche. In all ihren menschlichen Beziehungen. Ohne Dialog gibt es keinen Frieden. Ohne Frieden keine Freiheit.

Grundregeln des Dialogs

Mit prophetischer Begabung hat bereits Papst Paul VI. Grundregeln des Dialogs genannt.

Der Dialog hat einen transzendenten Ursprung. Er liegt im Plan Gottes. Religion, Gebet, die Menschwerdung seines Sohnes, die Geschichte mit dem Menschen insgesamt sind ein Ausdruck des Dialogs Gottes mit uns.[22]

Dialog ist von selbstloser Liebe geleitet. Der Dialog Gottes mit uns ist nicht von unseren Verdiensten abhängig, sondern kommt aus Liebe. Auch unser Dialog soll keine Grenzen, keine Berechnung kennen.

Dialog achtet die Freiheit des Anderen. Der Dialog Gottes ist ein Angebot, zwingt niemanden und geht auch das Risiko der Ablehnung ein. Nicht mit äußerem Zwang wird hier ein anderer Mensch überzeugt, sondern nur in aller Menschlichkeit und immer unter Achtung der persönlichen Freiheit.

Dialog kennt keine Ausgrenzung. Christus selbst wendet sich jedem Menschen zu. Ausnahmslos.

Dialog ist ein Prozess und soll jeden Tag neu beginnen. Jeder Dialog kennt seine Geschichte. Es gibt Höhen und Tiefen, Freude und Enttäuschung. Es braucht auf jeden Fall die Haltung der Geduld und die Fähigkeit, Entwicklungen abzuwarten. Und doch soll er nicht auf morgen verschoben werden. Es braucht das Gefühl für die Kostbarkeit der Zeit.

Haltungen des Dialogs

Dialog hat verschiedene Haltungen:

- Die Haltung der Klarheit, die eine verständliche und anschauliche Sprache erfordert.
- Sanftmut, die dem anderen Menschen nicht hochmütig, stolz oder verachtend begegnet.
- Vertrauen, dass das eigene Wort heilt und Brücken baut und dass auch der Gesprächspartner das Gute sucht.
- Die Haltung der pädagogischen Klugheit, die die psychologische, moralische Situation der Gesprächspartner berücksichtigt.

Dieser Weg ist mühsam, braucht viel Demut und kennt das Risiko der Enttäuschung. Dennoch: Es ist der einzige Weg in eine Zukunft mit Frieden. Wir brauchen den Geist des Dialogs – für die Welt – für die Religionen – für unsere Familien.

Das Angesicht der Erde erneuern

Groß war die Hoffnung der Menschen zur Zeit Jesu. Darin unterscheiden wir uns auch 2000 Jahre später nicht. Die Menschen sehnen sich auch heute nach Gerechtigkeit, nach Frieden, nach neuen Perspektiven in schwierigen Lebenssituationen. Sie sehnen sich nach Sinn. In Jesus begegnete ihnen ein Hoffnungsträger. Er war bei ihnen und an ihrer Seite. Doch diesem Aufbruch wurde ein jähes Ende gesetzt. Jesus starb am Kreuz. Seine Freunde zogen sich verängstigt zurück. Man hat den Eindruck, dass der Geist der Zerstörung, der Geist des Hasses ein weiteres Mal gesiegt hat.

Solche Erfahrungen machen wir auch heute. Vorsichtiger Aufbruch wird manchmal zerstört und bekommt keine Chance.

Wo aus Angst Mut erwächst

Es gibt die Versuchung zur Mutlosigkeit. Gier und Gewinnsucht zerstören die Erde. Hoffnungsvolle Aufbrüche werden zunichtegemacht. Der arabische Frühling ist zu einem arabischen Winter geworden – besonders für die Christinnen und Christen in dieser Region. Menschen leben auf Kosten anderer.

Doch der Geist Gottes kennt auch heute eine großartige Dynamik. So war es schon zur Zeit Jesu. Aus verängstigten Menschen werden solche, die sich einsetzen für die Ausgegrenzten, für die Liebe, für Gerechtigkeit. Und das nicht nur mit Worten, sondern mit ihrem ganzen Leben.

Früchte des Geistes

Den Geist Gottes können wir nicht messen mit physikalischen Methoden, aber seine Wirkungen sind erkennbar. Sie setzen sich durch und ich bin überzeugt, dass das Gute siegt.

Der Geist Gottes ist dort, wo Menschen leben wie der barmherzige Samariter, wo sie anderen die Menschenfreundlichkeit Gottes sichtbar machen.

Er ist dort, wo Menschen anderen zuhören, ihre Lebensgeschichten ernst nehmen und entdecken, dass in jedem Leben auch die Geschichte mit Gott enthalten ist.

Er ist dort, wo Menschen mit anderen teilen, wo die nicht leer ausgehen, denen das Nötigste zum Leben fehlt.

Er ist dort, wo Menschen andere besuchen, Einsame oder, wie es die Soziologie bezeichnet, die modernen Fortschrittsverlierer. Jene mit Burnout, die die Geschwindigkeit und den Druck des täglichen Lebens nicht mehr aushalten.

Der Geist Gottes ist dort, wo Menschen für andere beten und sie so hineinnehmen in die große Zuwendung Gottes.

Mit Pfingsten aufbrechen

Pfingsten ist dort, wo sich der Geist Gottes durchsetzt. Im Galaterbrief heißt es: „Die Frucht des Geistes aber ist Liebe, Freude, Friede, Langmut, Freundlichkeit, Güte, Treue, Sanftmut und Selbstbeherrschung." (Galater 5,22f.) Wenn dieser Geist Gottes unsere Herzen berührt, wird sich das Angesicht der Erde erneuern.

Glück im Herzen finden

„Wenn du zwischen einem glücklichen Leben und einem Leben in Reichtum wählen könntest", fragt der eine, „wofür würdest du dich dann entscheiden?" Da sagt der andere: „Für das glückliche Leben natürlich. Doch wie erreiche ich Glück?" Eine wichtige Gegenfrage, die viele Menschen beschäftigt. Viktor Frankl sagte, es gebe das Glück nicht. Vielmehr gebe es nur Gründe, Glück zu empfinden.[23] Die eingangs gestellte Frage nach Glück oder Reichtum ist also eine verfängliche.

Wohlstand

Es ist nicht leicht, Glück und Reichtum zusammenzubringen. Meinen wir doch oft, dass Geld und Besitz uns ein Stück glücklicher machen. Und dennoch hören wir manchmal ältere Menschen sagen, früher, als sie „nichts gehabt" hätten, seien sie glücklicher gewesen. Es gibt auch Geschichten von Menschen, die reich geworden sind, über Nacht, und damit unglücklich. Aus Angst vor Verlust ihres Reichtums, so plötzlich, wie er gekommen ist, können sie nicht mehr schlafen. Ihr finanzieller Reichtum hat sie krank gemacht. All dem stehen Geschichten von Menschen gegenüber, die bitterarm sind und dennoch lächeln. Aus scheinbar unerfindlichen Gründen sind sie glücklich, haben sie einen Grund gefunden, Glück zu empfinden.

Glücksmomente hingegen gibt es viele. Und unsere Glückserfahrungen liegen nicht im materiellen Haben, sondern in dem, was wir tun und durch unser Handeln werden. Das ist unser Gewinn. Das kann unser „Reich-Sein" bedeuten: reich an Erfahrung, reich an Erkenntnis, reich an Begegnungen, reich an Liebe. Wir geben und wir erhalten. In der Hingabe zu anderen Menschen werden wir viele Momente finden, die uns Glück schenken.

Armut

In den Geschichten von Menschen, die bitterarm sind und dennoch Glück empfinden, ist meistens ein Anderer, ein „Außenstehender", zu finden. Jemand, der diesen Menschen hilft. Der ihnen eine Kleinigkeit zukommen lässt: Hinwendung, Hilfestellung, vielleicht Hilfe zur Selbsthilfe. Denken wir nur an die viele Entwicklungsarbeit rund um den Erdball. An die Schulen, Spitäler und Heime, die gebaut werden. Der bitterarme Mensch lächelt und erfreut sich an Kleinigkeiten. Seit jeher setzt sich die Kirche für Menschen in Armut und Not ein. Dies ist ein Grundauftrag Jesu, den wir alle von ihm bekommen haben: dass wir uns nicht nur um uns selbst, sondern auch um andere kümmern.

Aber das, was wir wirklich tun, sind oft Kleinigkeiten, gemessen an unserem Reichtum. An dem, was wir zu geben hätten. Damit ist keineswegs nur Geld gemeint: Aus unserem Wohlstand entspringt die Fähigkeit, anderen unser Herz zu schenken. Für Menschen da zu sein, die Hilfe brauchen.

Folge deinem Herzen

Hör auf den inneren Ruf, den Gott in dein Herz legt. Nimm diesen Ruf wahr und folge deinem Auftrag mutigen Schrittes. So kannst du anderen helfen und findest vielleicht auch genug Gründe für dein eigenes Glück. Die Helfer selbst sind meist der Grund, warum ein auf Hilfe angewiesener Mensch Glück empfindet. Zu wissen, dass er nicht allein ist, kann den Hilfesuchenden glücklich machen.

Die Stimme des Herzens ist es, die uns Richtschnur ist, die uns glücklich machen kann. Indem wir ermutigende Worte mit jemandem wechseln, indem wir einander die Hände reichen und konkret helfen. Wenn wir mit offenen, achtsamen Augen durch die Welt gehen. Unsere Herzen sprechen die richtige Sprache. Es ist Gott, der in der leisen Stimme des Herzens zu uns spricht. Nicht greifbar. Geheimnisvoll.

Reichtum oder Glück? Wir sind gefordert, die Verfänglichkeit dieser Frage zu durchschauen, im Wissen, dass sie gar nicht beantwortet werden kann. Alles, was wir tun müssen, ist, der Stimme unseres Herzens, unserem Gewissen zu folgen. Im alltäglichen Handeln für und mit anderen Menschen finden wir dann, mit Viktor Frankl gesagt, genug Gründe, glücklich zu sein. Denn Gott tut das Seine zu unserem menschlichen Tun dazu.

„Bleibt in mir, dann bleibe ich in euch"

Die Ablenkung ist groß in unserem Alltag und auch auf unserem Weg als glaubende Menschen. Der Beruf und die Tätigkeiten unseres Lebens nehmen uns voll in Anspruch. Und manchmal ist es dann so, dass wir uns dabei ertappen, das Wesentliche, den Sinn unseres Weges, aus den Augen zu verlieren. Eine Herausforderung löst die andere ab. Eine Frage folgt der anderen. Ein Ereignis dem anderen.

Weinstock und Reben

Im Gleichnis vom Weinstock und den Reben (Johannes 15,1–8) spricht Jesus das Zentrum unseres Glaubens an: Jede Rebe, die Frucht bringen will, muss mit dem Weinstock verbunden sein. Die Bibel unterscheidet immer wieder zwischen Fruchtbarkeit und Leistung. Die Leistung können wir uns erarbeiten, um sie können wir uns bemühen. Die Fruchtbarkeit unseres Tuns hängt hingegen von anderen Faktoren ab. Sie ist im Letzten Geschenk. Das wissen wir vor allem in den persönlichen Bereichen unseres menschlichen Lebens: in unseren Beziehungen, was die Gesundheit betrifft, bei der Frage nach dem Glück und der Zufriedenheit.

Das Bild des Weinstocks und auch des Weinbergs beeindruckt. Wer einmal durch einen Weinberg spaziert ist – im Elsass, in Südtirol oder in der Steiermark –, der merkt, dass das Orte mit einer ganz besonderen Atmosphäre sind. Weinberge sind Orte, von denen Menschen sagen, dass sie hier neu zur Kraft ihres Lebens gefunden haben. Nicht nur

das Produkt des Weinbergs erfreut unser Herz, sondern auch der Ort selbst.

Das Bleiben in Gott

Dieses Bild nimmt Jesus her, um das Entscheidende anzusprechen. Das Bleiben in Gott. Unser Leben ist getragen von Sinn und Glück, wenn wir im Geheimnis Gottes zuhause sind.

Bei meinem Studium in Paris war eine Vorlesung diesem einen Wörtchen „demeurer", d. h. „bleiben", gewidmet. Was kann uns helfen, im Geheimnis des Lebens, im Geheimnis Gottes zu bleiben?

Drei Gedanken.

Dankbarkeit

Ein dankbarer Mensch erfährt sich als beschenkter Mensch. Ein beschenkter Mensch erfährt sich auch als geliebt. Ein berührender Gottesdienst, ein Frühlingsspaziergang, eine herzliche Begegnung, ein Kinderlachen führt uns in dieses tiefe Gefühl der Dankbarkeit. In das Wissen, dass diese Erde im Geheimnis Gottes ruht.

Aufmerksamkeit

Dann ist es auch die Aufmerksamkeit für die täglichen Begegnungen, die uns geschenkt sind. Begegnungen des Trostes am Krankenbett, Begegnungen der Freude und der guten Wünsche an einem Geburtstag, die Begegnung eines Versöhnungsgesprächs, das lang zurückliegende Wunden

heilen kann. Erfahrungen, die leicht übersehen bzw. überhört werden können, wenn wir uns nicht ganz bewusst für
diese Aufmerksamkeit und Achtsamkeit entscheiden.

Gebet

Und ein dritter Weg, im Geheimnis Gottes zu bleiben, ist das
Gebet. Das einfache Gebet während eines Tages, in der Früh
oder am Abend. Wunderschön gestaltete festliche Gottes-
dienste, Musik, die unser Herz öffnet für die Erfahrung des
Göttlichen, ein kleines Stoßgebet vielleicht vor einer wich-
tigen Entscheidung. Oder auch die große Klage in Situationen der Not, in der Verzweiflung. Oder das Berühren eines
Gipfelkreuzes nach einem anstrengenden Aufstieg auf einen
Berg ... Entscheidend ist immer diese tiefe Erfahrung, dass
wir in Gott bleiben und er in uns. Viele menschliche Wege
wären nicht möglich gewesen ohne diese Kraft.

   Das Spazieren durch einen Weinberg, das Meditieren
des Bildes vom Weinstock und den Reben bringen uns an
die entscheidende Quelle unseres menschlichen Daseins.
Diese Quelle ist das Bleiben in Christus. Aus dieser Quelle
fließen die Geschenke der Hoffnung, des Vertrauens, der
Liebe, der Zuversicht, des Mutes.

JUNI

DIE HERZEN
WÄRMEN

Gott schreibt uns eine SMS

Donnerstag früh. Im Zug von Innsbruck nach Feldkirch. Ein Jugendlicher sitzt mir gegenüber. Er spielt mit seinem Handy. Plötzlich erklingt das typische Geräusch einer eingehenden SMS. Eine Botschaft ist angekommen. Der Junge lächelt.

Es ist ein schöner Tag, dieser Donnerstag, und mir kommt ein Gedanke: So ist es mit Gott. Hunderte von SMS sendet er ständig aus. Wir müssen sie nur empfangen. Spontan beschließe ich, in den nächsten Tagen Protokoll zu führen, die Augen zu öffnen für die unzähligen Zeichen und Botschaften, mit denen Gott in dieser Welt Geschichte schreibt.

Freitagvormittag. In *Sonntag*, im Großen Walsertal. Menschen aus Politik und Kirche setzen sich für eine Welt mit menschlichem Gesicht ein. Es geht um das Thema Sonntag. Wenn es diesen freien Tag nicht mehr gibt, dann gibt es nur noch Werktage, sagen die Veranstalter. Damit das Leben glücklich wird, braucht es den Sonntag. Gewinn darf nicht das einzige Kriterium menschlichen Lebens sein. Natürlich stimme ich zu. Gott schreibt Geschichte mit engagierten Menschen.

Samstagnachmittag, 15 Uhr. 1100 Pfarrgemeinderäte – Männer, Frauen und Jugendliche – versammeln sich in der Martinskirche in *Dornbirn* zur Sendungsfeier: allesamt Menschen, die durch ihr Engagement der Kirche in unserem Land ein Gesicht verleihen. Singend feiern sie die heilige Messe. Gott schreibt Geschichte mit diesen Menschen bei uns in Vorarlberg.

Samstagnachmittag, gleich danach. Am Marktplatz *Dornbirn*. „Go marchin' in", das Fest für Leib und Seele, entfaltet sich wie ein Magnet und zieht die Menschen an. Alle sind begeistert, erleben Freundschaft, wertvolle Begegnungen. Tausende spüren, dass sie nicht allein unterwegs sind. Gott schreibt Geschichte, wenn er uns zusammenführt.

Samstagabend. Noch immer in *Dornbirn*. Kirche St. Martin. Immer wieder ziehen sich Menschen in Scharen durch das Videoportal in die stille Kirche zurück. Einkehren. Innehalten. Schweigen. Beten. Es ist berührend, wie die vielen Menschen Steine, die ihre Last bedeuten, vertrauensvoll auf die Stufen des Altars legen. Wie sie eine Kerze der Sehnsucht anzünden. Wie sie Kraft schöpfen. Und dann registriere ich ein altes Ehepaar. Auf den Knien der Frau sitzt ein kleines Mädchen. Alle drei weinen. Und ich weiß, Gott schreibt Geschichte, wenn wir mit unserer Trauer in seine Nähe kommen.

Sonntagvormittag. In *Fußach*. Radikaler Szenenwechsel. 30 Jugendliche haben sich für die Firmung entschieden. Auf erfrischende, unbekümmerte Art wird Gottesdienst gefeiert. „Warum ist das nicht jeden Sonntag so, dann ginge ich öfter in die Kirche", sagt einer. Gott schreibt Geschichte, wenn er das Herz von Menschen berührt, die nicht damit rechnen.

Sonntagvormittag, etwas später. Ortswechsel nach *Alberschwende*. Ein junger Priester feiert seine erste heilige Messe mit der Gemeinde und mit Freunden. Sein Leben stellt er in den Dienst der Menschen und in den Dienst Gottes. Gott umarmt die Welt, wenn Menschen ihrer Berufung folgen, wenn sie jenem Traum Platz bieten, den Gott von ihrem Leben hat. Als Priester, als Familienmensch, engagiert für eine Sache.

Sonntagabend. Ich werde dringend gerufen. Nach *Bludenz*. Ein Mensch erfährt eine sehr schwere Diagnose. Es ist, als ob ihm der Boden unter den Füßen weggerissen wird. Er möchte schreien, Verzweiflung steht ihm ins Gesicht geschrieben. Lange geben wir uns Zeit. Reden. Beten. Er entscheidet sich für die Hoffnung und für das Vertrauen. Er weiß, dass Gott auch in dieser Situation da ist. Und ich merke: Gott berührt die Menschen in ihren schwersten Stunden.

Montagvormittag. In *Bregenz*. Ein ganz anderes Bild. Ein junges Paar sitzt im Krankenhaus und hat soeben einen Sohn zur Welt gebracht. Tränen der Freude kullern über ihre Wangen. Im Gedanken an den gestrigen Abend seufze ich und weiß: Gott schreibt Geschichte. Im Gehen. Im Kommen. In der Freude genauso wie im Leid. Es geht immer um das Leben. Es geht um das Unterwegssein unter Gottes Zelt des Wortes.

Im Buch des Propheten Jeremia (Jeremia 20, 10–13) kommt uns ein Mensch entgegen, der den Eindruck hat, dass sich die ganze Welt gegen ihn verschworen hat. Sie wollen ihn anzeigen, stürzen, vernichten. Eine Erfahrung, die wir vielleicht auch kennen. Oft höre ich das Wort in Gesprächen

– die Welt hat sich gegen mich gestellt. Fürchtet euch nicht, ruft uns Jesus entgegen. Die Angst wird kleiner, wenn wir uns über die Umarmungen Gottes freuen, über die SMS Gottes in meinem konkreten Alltag. Wenn wir die vielen SMS Gottes registrieren, dann lässt er uns am Ende lächeln. So wie den jungen Mann im Zug von Innsbruck nach Feldkirch.

Mein Lebenstraum

Ein Kind schaut über Wochen einem Bildhauer zu, der aus einem riesigen Marmorblock Stück für Stück herausmeißelt. Schließlich ist ein wunderschöner Löwe zu erkennen. Erstaunt fragt es den Bildhauer: „Woher hast du gewusst, dass in dem Felsen ein Löwe steckt?"

Der Kristall im Herzen

Dass jeder Mensch tief in seinem Inneren eine verborgene Bestimmung in sich trägt, drückt Hermann Hesse in seinem Buch *Demian* aus, wenn er schreibt: „Ich hatte einen Augenblick die Empfindung, ich trage einen Kristall im Herzen, und ich wusste plötzlich, es war mein Ich."[24]

Das Entscheidende ist, diesen Kristall im Herzen zu entdecken. Wie finde ich den Traum meines Lebens? Wie entdecke ich meine Berufung? Wie erkenne ich den Plan

Gottes für mein Leben? Es gibt verschiedene Wege, wie ich den Klang der Stimme Gottes für mein Leben, den tiefen Sinn meines Daseins als Mensch finden kann:[25]

Der Klang in meiner Natur

„Die Gnade baut auf der Natur auf", lautet ein Grundsatz der Theologie. Gott überfordert nicht. Was ich nicht kann, was gegen meine Natur ist, was mich unglücklich und friedlos macht, kann nicht der Wille Gottes sein. Gott möchte, dass wir das Leben haben und es in Fülle haben. Berufung liegt also auch in meinen Fähigkeiten, Begabungen, in der Natur, die mir geschenkt ist.

Die Sehnsucht als bewegender Klang

Es fällt auf, dass auch Jesus in den Evangelien nach der Sehnsucht fragt: „Was sucht ihr?" (Johannes 1,38), „Was willst du, das ich dir tun soll?" (Markus 10,51) Sehnsucht ist eine bewegende Kraft. „Alles beginnt mit der Sehnsucht", schreibt Nelly Sachs.[26] Die Sehnsucht ist der Anfang aller Dinge. Auf die Spur der Sehnsucht komme ich, wenn ich mich frage: „Was möchte ich, dass man von mir sagt, wenn ich gestorben bin, so wie wir heute über große Menschen reden?"

Das Gegenüber als lockender Klang

Manchmal sind wir von einer Begegnung angerührt. Wir machen die Erfahrung mit einem armen Menschen, wir sehen Bilder der Not, wir hören ein Wort aus der Heiligen

Schrift, wir hören die Bemerkung eines Freundes, wir lesen die Stellungnahme der Kirche zu einem Thema – solche Erfahrungen können Leben verändern.

Menschen, die etwas Wertvolles im Leben geschaffen haben, waren meist angerührt von einer Herausforderung, von einem Gegenüber, das sie motiviert und zu einem sinnvollen Weg gezogen hat.

Die Stille als Ort des Hörens

Den Lebenstraum zu entdecken, ist keine laute Angelegenheit. Sabine Ulrich schreibt in einem ihrer Gedichte:[27]

> Das Schönste aber geschieht
> in der Stille.
> So geht die Sonne
> lautlos auf.
> Und lautlos erblüht
> jede Blume.
> Auch der Regenbogen macht
> kein Geräusch.
> Und wahre Liebe,
> wahre Freundschaft sind selten laut.
> Sie kommen eher
> sehr leise.

Wenn wir auf dieses Leise in unserem Leben hören, können wir unsere kleinen und großen Lebensträume entdecken. Gott jedenfalls hat einen Traum für unser Leben, das macht jedes Leben so unendlich wertvoll.

Die Zeit der Wunder

Wir kennen die Erfahrung. Wir bemühen uns um das Gute: in unserer Familie, in unserem Leben, am Arbeitsplatz, in der Politik, in der Kirche, in der Gesellschaft. Und manchmal geht das Gute, das wir zu säen versuchen, auf. Früchte werden sichtbar.

Gleichzeitig merken wir, dass in diesem Garten des Lebens oft auch viel Unkraut wächst. Die Frage ist: Woher kommt es? Die große theologische und philosophische Frage lautet: Wo liegt die Ursache des Bösen in der Welt?

Der erste Reflex ist: Ausreißen! Das muss weg. Im Gleichnis vom Unkraut und von der Ernte (Matthäus 13,24–43) gibt Jesus einen anderen Ratschlag: Wartet bis zur Ernte! Wer zu früh einteilt in Gut und Böse, wer meint, dass er weiß, was richtig und falsch ist, läuft Gefahr, dass er auch die Ähren, die guten Früchte vernichtet. Ja, es ist sogar so, dass außer Gott sich wohl niemand anmaßen darf, den Weizen vom Unkraut zu trennen und ein letztes Urteil über einen Menschen auszusprechen.

Klein und doch so groß

In der Bibel schließt Jesus ein zweites Gleichnis an. Das Himmelreich ist wie ein Senfkorn. Das kleinste von allen Samenkörnern. Sobald es aber hochgewachsen ist, ist es größer als alle anderen Gewächse. Wer traut einem kleinen Senfkorn zu, ein großer Baum zu werden, in dem die Vögel des Himmels wohnen und nisten, unter dem Menschen Schatten finden?

Jesus lädt uns ein, bewusst unsere Augen, unsere Herzen den Wundern des Lebens zuzuwenden. Gerade auch in dieser Zeit, im Stress des Alltags sind wir sehr schnell mit dem Einteilen in Gut und Böse, in Freund und Feind. Oft übersehen wir dann die Wunder, das Gute und Schöne am Rand unseres Weges. Und das sogar in den schwierigsten Situationen unseres Lebens.

Da-Bleiben

Im Roman „Die Zeit der Wunder" schreibt die Schriftstellerin Anne-Laure Bondoux von einer Erfahrung nach einem Bombenanschlag auf einen Zug – eine Erfahrung, die viele Menschen heute in aller Welt machen müssen: „Der Zug stand in Flammen, Menschen schrien, also bin ich näher herangegangen. Ich habe die Rufe einer Frau gehört. Ich bin in einen zerfetzten Wagen geschlüpft und zwischen den verbogenen Sitzen hindurchgekrochen. Sie lag zu einer Kugel zusammengerollt in einer Ecke, das Gesicht voller Blut. Sie hielt ein Baby an die Brust gedrückt. Ich habe mich über sie gebeugt. Es war zu spät. Ihr Baby war tot. Während ich versuchte, sie aus dem Waggon zu ziehen, ist sie ebenfalls gestorben. Ich blieb dort neben ihr sitzen und konnte lange nicht aufhören zu weinen. Ich wusste nicht, was ich tun sollte." [28]

Das Wunder ist hier das Bleiben, das Weinen, das Dasein. Ein schweres, bedrückendes Beispiel. Eines, das aber zeigt, dass auch in dunkelsten Situationen Menschen da sind, die das Wunder ermöglichen.

Wir alle brauchen den Blick für das Gute, den Blick für das Dasein, für die Liebe, die Beziehung, den Blick für die

Geschenke des Lebens, den Blick für Gott. Das ist stärker als alles Böse. Niemand hat das trostvoller beschrieben als Hilde Domin in einem Gedicht:[29]

Nicht müde werden
sondern dem Wunder
leise
wie einem Vogel
die Hand hinhalten

Wege zur Ausgeglichenheit

Sommer, Sonne, Wärme, Ferien, Urlaub, Freiheit, Weite, Leichtigkeit. Eine Zeit, in der wir Abstand nehmen können vom Druck, Tempo und Einerlei des Alltags und die Perspektiven unseres Lebens neu in den Blick nehmen, dem Sinn unseres Lebens nachspüren. Eine Gelegenheit für eine Auszeit, eine Zeit des Auftankens, um den Kompass unseres Lebens wieder neu einzustellen auf Gott und auf den Sinn des Lebens. Dazu ein paar Anregungen, die Wege sein können zu einer gesunden Ausgeglichenheit:

Beginne den Tag mit einem Plan

Fange deinen Tag an, indem du in aller Ruhe dein Tagespensum festlegst. Ordne die Ziele und Aufgaben nach ihrer

Wichtigkeit. Das weniger Wichtige kann dann immer noch auf später verschoben werden.

Mach mal Pause

Gönne dir jedes Mal eine Pause, wenn du etwas erledigt hast (Mindestlänge: ein tiefer Atemzug!). So merkt man erst, wie gut etwas vorwärtsgeht. Und noch etwas: Nur die wenigsten Dinge lassen sich zu aller Zufriedenheit und für alle Zeiten erledigen. Genieße deshalb auch die Freude über einen halben Erfolg und über ein kleines Etappenziel.

Belohne dich

Belohne dich für das Erreichen deiner Ziele. Man kann sich auch belohnen, indem man jemand anderem eine Freude macht.

Mach am Feierabend einen dicken Punkt

Feierabend heißt Schluss mit der Arbeit für heute. Unerledigtes kommt morgen auf die Tagesliste. Unbarmherzig. Und grüble nicht über begangene Fehler oder Fehlentscheidungen nach. Aber merke dir, wie du diese künftig vielleicht vermeiden kannst.

Blicke zurück

Beende deinen Tag mit dem Gebet der liebenden Aufmerksamkeit, wie es Ignatius von Loyola vorschlägt: Nimm den vergangenen Tag noch einmal wahr in all seinen Facetten

– in dem, was Freude bereitet hat, und in dem, was Sorge und Angst ins Herz gelegt hat. Lass ihn los und lege ihn in Gottes Hände.

Vergiss den Humor und die Freude nicht

„Humor rückt den Augenblick an die richtige Stelle. Er lehrt uns die wahre Größenordnung und die gültige Perspektive. Er macht die Erde zu einem kleinen Stern, die Weltgeschichte zu einem Atemzug und uns selber bescheiden. Das ist viel. Bevor man das Erb- und Erzübel, die Eitelkeit, nicht totgelacht hat, kann man nicht beginnen, das zu werden, was man ist: ein Mensch." (Erich Kästner)[30]

JULI

TIEF ATMET
DIE STILLE

Wir kommen, wohin wir schauen

Wohin wir schauen, dorthin kommen wir.[31] Eine treffende, einfache, vielleicht dadurch so schöne Erkenntnis mystisch-spiritueller Weisheit, nicht zuletzt auch der modernen Psychologie. Wer seinen Blick auf das Zerstörerische, das Negative konzentriert, wird sich auch dahingehend entwickeln. Wer den Blick auf das Hoffnungsvolle, die Chancen, das Positive richtet, wird ein hoffnungsvoller, positiver Mensch sein, der die Chancen seines Lebens verwirklichen kann.

Bei sportlichen Großereignissen – sei es im Fußball, bei der Leichtathletik oder im Schisport – können wir das Wechselbad der Gefühle hautnah miterleben. Die Freude bei Tausenden Fans, wenn ihre Mannschaft oder ihr Favorit Erfolg hat, Gefühle der Beklemmung, ja Trauer und Verzweiflung, wenn sie in Bedrängnis kommen oder gar verlieren.

Diese Erlebnisse bei einer Fußball-Weltmeisterschaft brachten mich auf einen Gedanken: Wohin sollen wir schauen in der Situation unserer Kirche? Die Antwort, meine ich, liegt nahe: Zentral bleibt stets der Blick auf Christus. Er ist in seiner Kirche gegenwärtig in seinem Wort und im Sakrament. Und in den notleidenden Menschen, in denen er uns stets aufs Neue zur Liebe motiviert. Wie heißt es? „Was ihr einem meiner geringsten Brüder getan habt, das habt ihr mir getan." (Matthäus 25)

Barmherzigkeit konkret

Die klassischen Werke der Barmherzigkeit, wie wir sie aus der Bibel kennen, lauten: Hungrige speisen, Durstige tränken, Fremde beherbergen, Nackte bekleiden, Kranke pflegen, Gefangene besuchen, Tote bestatten. Die deutsche Diözese Erfurt hat diese Werke der Barmherzigkeit für unsere heutige Zeit übersetzt.[32] Sie richten den Blick auf Christus.

1. Einem Menschen sagen: Du gehörst dazu

Es macht unsere Gesellschaft oft kalt und unbarmherzig, dass Menschen an den Rand gedrängt werden: die Arbeitslosen, die Ungeborenen, die psychisch Kranken, die Ausländer. Das Signal, auf welche Weise auch immer ausgesendet, „Du bist kein Außenseiter! Du gehörst zu uns!" ist von größtem Wert.

2. Ich höre dir zu

Eine oft geäußerte Bitte lautet: „Hab doch einmal etwas Zeit für mich!" Die Hektik des heutigen Lebens, auch die Ökonomisierung aller Lebensbereiche, zwingen zu möglichst schnellem und messbarem Handeln. Zeit haben, darauf kommt es an, zuhören können: ein Werk der Barmherzigkeit und gerade im Zeitalter technisch perfekter, hochmoderner Kommunikation so dringlich wie nie zuvor.

3. Ich rede gut über dich

Es gibt gottlob immer Leute, die zunächst einmal das Positive am anderen, an einem Sachverhalt, an einer Herausforderung sehen. Natürlich: man muss auch gelegentlich den Finger auf Wunden legen, Kritik üben und Widerstand anmelden. Was heute aber oft fehlt, ist die Wertschätzung des anderen, der Respekt.

4. Ich gehe ein Stück mit dir

Vielen ist mit gutem Rat allein nicht geholfen. Es bedarf in der komplexen Welt von heute oft eines Mitgehens bei den ersten Schritten, bis der andere die Kraft hat, allein weiterzugehen.

5. Ich teile mit dir

Es braucht auch morgen Hilfe für jene, die sich selbst nicht helfen können. Das Teilen von Geld und Gaben, von Möglichkeiten und Chancen wird in einer Welt noch so perfekter Fürsorge notwendig bleiben.

6. Ich besuche dich

Den anderen in seinem Zuhause aufzusuchen, ist besser, als darauf zu warten, dass er zu mir kommt. Ein Besuch schafft Gemeinschaft. Er holt den anderen dort ab, wo er sich sicher und stark fühlt. Die Besuchskultur in unseren Pfarrgemeinden ist sehr kostbar. Die Kirche wird nicht auf jene warten dürfen, die anklopfen. Sie wird vor ihren Türen nach den Menschen schauen müssen.

7. Ich bete für dich

Wer für andere betet, schaut auf sie mit anderen Augen. Er begegnet ihnen anders. Jeder Mensch, unabhängig von seinem Glauben, ist dankbar, wenn für ihn gebetet wird. Ein Ort in der Stadt, im Dorf, wo regelmäßig und stellvertretend alle Bewohner in das fürbittende Gebet eingeschlossen werden, die Lebenden wie die Verstorbenen – das ist ein Segen. Gerade dort, wo es Spannungen gibt, wo Beziehungen brüchig werden, wo Worte nichts mehr ausrichten, braucht es das Gebet.

Nicht halbherzig

Der Alltag, die Arbeit hat uns oft im Griff. Ein Termin jagt den anderen. So mancher freut sich dabei über die guten Geschäfte. Es ist schwierig, Gott in dieser Geschäftigkeit wahrzunehmen. Oft sind wir Getriebene, das Leben lässt sich kaum vorhersehen: Immer kommt etwas dazwischen und es fällt schwer, sich auf das Wesentliche zu konzentrieren.

Bereit für eine mathematische Aufgabe?

Paul Watzlawick, österreichisch-amerikanischer Kommunikationswissenschaftler, Psychotherapeut, Soziologe, Philosoph und Autor, erzählt ein merkwürdiges mathematisches Rätsel:

Ein Mann reitet durch die Wüste. Er sieht drei Menschen, die sehr traurig sind und steigt von seinem Kamel. Sie erzählen, ihr Vater sei gestorben. Der Mann tröstet sie und sagt, der Vater habe ihnen doch sicher etwas hinterlassen. Die drei antworten: Ja, gerade darin liege das Problem. Es seien 17 Kamele aufzuteilen. Der Älteste der drei bekomme die Hälfte. Der Zweitgeborene ein Drittel und der Jüngste ein Neuntel. Mit gezählten 17 Kamelen sei das unmöglich. Der Mann überlegte und meinte lächelnd: Nehmt mein Kamel dazu, dann wird es funktionieren.

So bekam von den 18 Kamelen der älteste Bruder die Hälfte, also neun. Dieselbe Anzahl Kamele blieb noch übrig. Der mittlere Bruder bekam ein Drittel, also sechs Kamele. Und der Jüngste sollte ein Neuntel bekommen, also zwei Kamele. Ein Kamel blieb übrig, das Kamel des fremden Mannes. Der grüßte, stieg auf, und ritt seines Weges.[33]

Sondern ganzherzig

Wie wirklich ist also die Wirklichkeit? Die Brüder sehen nur die mathematische, die äußere Sicht der Dinge. Das andere aber, das ihnen dieser Freund beibringt, ist die Sicht auf die Welt mit der entsprechenden inneren Haltung, die Probleme lösen kann. Die Bereitschaft, das Kamel dazuzuschenken, verblüfft. Das 18. Kamel dient als Krücke der Wirklichkeit für die drei Verwirrten.

Großzügigkeit, Ganzherzigkeit verändern den Blick. Neue, kreative Möglichkeiten eröffnen sich, wenn wir bereit sind, Unerwartetes dazuzugeben. Man könnte sagen: Gott stößt dazu. Er ist wie ein Schlüssel, der neue, kreative und hoffnungsvolle Türen öffnet für die Fragen, die das Leben uns stellt. Jeden Tag.

Gelassenheit – Quelle der Kraft

„Ich habe keine Zeit." Das ist der Seufzer des modernen Menschen, der meint, dass alles von ihm abhänge. Irgendwie gleicht er einem Menschen, der im Wald arbeitet und seine Zeit sinnlos einsetzt, weil er mit einer stumpfen Axt Bäume schlägt, da er keine Zeit findet, sie zu schärfen. Wir kennen wohl alle diese Erfahrung der Müdigkeit, der Erschöpfung, der Leere.

Unterbrechung

In diese Situation hinein spricht Jesus ein bedeutsames Wort: „Kommt mit an einen einsamen Ort, wo wir allein sind, und ruht ein wenig aus." (Markus 6,31) Die Geschichte des geistlichen Lebens hat diese Erfahrung aufgegriffen. Sie kennt die Balance zwischen *actio* und *contemplatio*, zwischen Tätigkeit und Besinnung. Sie kennt die Balance zwischen *ora* und *labora*, zwischen Gebet und Arbeit.

Das Leben braucht beides. Alleinsein und Zusammensein. Bei-sich-selber-Sein und Beim-anderen-Sein. Wir müssen bereit werden, uns von Gott unterbrechen zu lassen, weil wir nur so in die tiefe Zufriedenheit des Lebens geführt werden.

Die Stille atmen

Der Theologe Romano Guardini meint: „Immer sollte in uns die Stille sein, die nach der Ewigkeit hin offen steht und horcht."[34] Die Stille zu atmen, gehört zu den großen Kraftquellen menschlichen Lebens. Stille hilft, den Alltag zu sortieren, und macht uns achtsam für die Spuren Gottes in unserem Leben.

Vielleicht werden Sie jetzt denken, das sind schöne Worte, leicht dahergesagt. Ja, diese Haltungen brauchen die Grunderfahrung der Gelassenheit. Die Grunderfahrung, dass Gott unser Leben trägt, wird uns diese Gelassenheit schenken, die Voraussetzung ist für die Stille, für die Unterbrechung, für das, was unser Leben in Balance hält und der Seele Harmonie schenkt. Ein irisches Segensgebet kann uns dafür nützliche Hinweise geben:

Nimm dir Zeit zum Denken –
es ist die Quelle der Kraft.
Nimm dir Zeit zum Lesen –
es ist der Brunnen der Weisheit.
Nimm dir Zeit zum Träumen –
es bringt dich den Sternen näher.
Nimm dir Zeit zum Lachen –
es ist die Musik der Seele.
Nimm dir Zeit, freundlich zu sein –
es ist der Weg zum Glück.

Und ich möchte hinzufügen:

Nimm dir Zeit für Gott,
er schenkt dir Gelassenheit,
eine Quelle der Kraft.

Die Kraft der Stille

Laut ist sie geworden, die Welt. In diesem Lärm wird es oft überhört: Das stille Schluchzen eines traurigen Kindes, die stillen Tränen eines enttäuschten Menschen, das leise Warum eines Sterbenden, die stille Freude von Verliebten ...

Über nichts anderes haben die großen Gestalten des Mönchtums mehr nachgedacht und geschrieben als über dieses Geheimnis: Wie lässt sich Stille suchen, Schweigen üben – und Ruhe finden? Und diese Sehnsucht ist es, die auch heute mehr und mehr Menschen zur Begegnung mit der Stille in der Natur, in Klöstern, bei Kursen verleitet. Sie sind auf der Suche nach Abstand, Konzentration, neuer Kraft und Sinnfindung.

Weg zur Selbstbegegnung

Jeder von uns spürt: Der ununterbrochene Lärm unserer Tage ist ein schweres Hindernis auf dem Weg zur Selbstbegegnung. Wo liegt die Grenze von Reden, Aussage und Geschwätz? Was soll, was muss gesagt werden – und was nicht? Was bringt Klärung und Hilfe, was Verwirrung?

Ein Wüstenvater hat einmal gesagt: „Ich habe oft bedauert, geredet zu haben. Nie aber habe ich bedauert, geschwiegen zu haben." Eine wunderbare Geschichte aus der Zeit der Wüstenväter erzählt von einem einsamen Mönch, zu dem eines Tages Besucher kamen.[35] Sie fragten: Welchen Sinn hat dein Leben der Stille? Der Mönch war eben dabei, Wasser aus einem tiefen Brunnen zu schöpfen. Er sagte: Schaut in die Zisterne, was seht ihr? Die Leute blickten in den tiefen Brunnen: Wir sehen nichts. Nach einer kurzen Weile forderte der Mönch seine Besucher wieder auf: Schaut in die Zisterne, was seht ihr? Die Leute blickten wieder hinunter. Ja, jetzt sehen wir uns selber! Der Mönch sprach: Schaut, als ich vorhin Wasser schöpfte, war das Wasser unruhig, jetzt ist das Wasser ruhig. Das ist die Erfahrung der Stille: Man sieht sich selbst!

Raum im Herzen

Wertvolle Tage, die ich im Schweigen verbringen durfte, haben mich immer gelehrt: Wirkliche Stille schafft einen Raum im Herzen, der noch weit hinausreicht über den Blick in den Spiegel. Die Stille lädt uns dazu ein, in die eigene Wirklichkeit hinunterzusteigen. Auch in die Schattenzonen der eigenen Seele. Das Schweigen gehört zu den großen Geschenken, die allen Menschen verfügbar sind, um sich dem Wesentlichen zu nähern. Reden ist oft nur zerstreute Kraft, Schweigen aber gesammelte Energie.

Und Gott

Ein Mönch, der von einem Krankenbesuch aus der lauten Stadt zurück ins Kloster kommt, meinte: „Gott wird seine Stimme nicht lauter erheben, nur weil wir so laut geworden sind. Wir alle müssen leiser werden – oder ohne seine Botschaft auskommen." Ich wünsche uns immer wieder stille Augenblicke, die in die Begegnung mit uns selbst und mit Gott führen.

ACHTSAM LEBEN

Für wen hältst du mich?

Das ist wohl eine der persönlichsten Fragen, die ein Mensch einem anderen Menschen stellen kann. „Für wen hältst du mich?", fragte auch Jesus seine Begleiter (Matthäus 16,13–20).

Diese Beziehungsfrage war damals eine Schlüsselfrage für die Apostel. Auch in späterer Zeit hat diese entscheidende Frage die Menschen bewegt und die Geschichte der Kirche geprägt. Und auch heute ist sie eine Schlüsselfrage, die Jesus an jeden von uns richtet: „Für wen hältst du mich?"

Wenn wir uns auf diese Frage einlassen, stellen wir bald fest, dass es gar nicht einfach ist, sie schnell und ausreichend zu beantworten. Wir müssen erfahren, dass viele Versuche einer Antwort nur einen Teil der Wahrheit über Jesus Christus ausmachen, da er uns immer auch ein Geheimnis bleiben wird. Trotzdem ist es auf Dauer nicht möglich, dieser Frage auszuweichen, und letztlich ist jeder Christ gefordert, sie für sich selbst zu beantworten und seine eigene Antwort zu finden.

Schlüssel zu sinnvollem Leben

Vielleicht kennen Sie die Geschichte vom armen Jungen, der im Winter in den Wald geschickt wird, um Holz zu sammeln. Unter dem Schnee entdeckt er einen Schlüssel. Schließlich findet er auch ein Kästchen – und tatsächlich: Der Schlüssel passt! Er dreht ihn um und ... Was der Junge in diesem Kästchen findet, verrät das Märchen nicht.

Die Antwort bleibt ganz unserer Phantasie überlassen. Jeder von uns verbindet mit dem Schlüssel zum Glück und mit dem Schatzkästchen ganz unterschiedliche Dinge. Jeder muss den Schlüssel und das passende Kästchen für sich persönlich definieren und finden. Für uns Christen ist Jesus der Schlüssel, der den Schatz des Himmels aufschließt. Er ist der Schlüssel, der uns in ein Land von Sinn führt.

Im Gespräch

Dieses Wunder ereignet sich in einem Dialog. Jesus stellt mir die Frage: „Für wen hältst du mich?" Ich gebe meine ganz persönliche Antwort. Wenn wir einen ruhigen Augenblick finden, kann dieser Dialog, dieses Gespräch mit Christus möglich werden.

Jetzt

Die Schriftstellerin Almut Haneberg lädt zu dieser lebensentscheidenden Begegnung ein:[36]

jetzt
ist die Zeit
nicht irgendwann
und hier der Ort
an dem
das Wichtigste
geschieht

ganz Auge
Ohr und Herz
im Augenblick

die Wunder sehen
den Puls des Lebens spüren
und aufmerksam
bei mir
und anderen sein

Lausche dem Lied des Lebens

Aus der Enge kommen wir, in die Weite schreiten wir. Im Lärm des Alltags ist es sehr schwer, das Wesentliche vom Unwesentlichen zu trennen. Vielfach sind wir gezwungen, uns unzähligen Informationen gleichzeitig zu öffnen und stehen so mitten im Dauerstress dieses Lärms. Hektische Betriebsamkeit vermittelt uns das Gefühl der Wichtigkeit, des Gebraucht-Werdens, doch am Ende erfüllt es uns nicht. Kommen wir aus dieser Enge in die Weite der Zeit des Urlaubs, dann neigen wir dazu, den Freiraum mit neuem Lärm zu füllen.

Horche auf die Lebenstöne im Garten des Lebens

Die wahre Musik des Lebens hingegen, die ist von anderer Art. Sie ist von ganz anderer Qualität. Wollen wir die echten Lebenstöne hören, so müssen wir das Horchen lernen.

8

Im Lauschen können wir uns fallen lassen und die wahre Natur unseres Lebens erkennen. Ähnlich einem Garten lernen wir, die feine Bewegung jedes einzelnen Blattes zu sehen. Wir können den Vogel singen hören und erkennen den leisen Hauch des Windes, wie es Joseph von Eichendorff beschreibt:

Schläft ein Lied in allen Dingen,
die da träumen fort und fort,
und die Welt hebt an zu singen,
triffst du nur das Zauberwort.[37]

Hören wir die Musik des Lebens, so verleiht sie unserer Seele Flügel. Den Reichtum des Lebens entdecken wir nicht in unseren Terminen, in unserer Erreichbarkeit und im Dauerstress. Wir entdecken den Reichtum des Lebens in der Stille. Sie ist es, die uns erfüllt.

Achtsam bleiben für Lebensübergänge

Urlaub heißt für viele, Abschied zu nehmen von Krisen und Problemen. Üblicherweise verachten wir Krisen. Sie machen Angst, weil sie Fragen an uns stellen. Wir ziehen es vor, die zu sein, die Fragen stellen, und wollen in unserem Selbstverständnis nicht in Frage gestellt werden. Krisen aber stellen unangenehme Fragen an uns selbst. Wir sind gefordert, unser Leben zu betrachten. Krisen kommen zumeist dann, wenn wir sie „gerade nicht gebrauchen können". Doch wann ist in unserer hektischen Betriebsamkeit Zeit für eine Krise? Immer stören sie unsere Pläne, beeinträchtigen sie unser „Funktionieren".

Wenn unser Leben auch zuweilen erschüttert wird – davon bin ich zutiefst überzeugt –, sind wir doch getragen von einer unendlichen, göttlichen Lebensfülle. Vielmehr noch, die Erschütterung kann Hinweis sein auf dieses Getragen-Sein. Wenn wir durch die Achtsamkeit, wenn wir durch das Hinhören lernen, nicht die Bedrohung, sondern die Einladung zu sehen, dann werden wir in den schweren Stunden unseres Lebens zunehmend kreativ sein und zuversichtlich bleiben.

Das Licht suchen

„Was soll mir passieren, wenn ich aus der Mitte lebe?", heißt es sinngemäß im Brief des Apostels Paulus an die Römer (vgl. 8,18ff.). Was also soll mich bedrohen, wenn ich in der Geborgenheit ruhe?

In vielen Begegnungen und Gesprächen hören wir von den Schattenseiten des Lebens. Immer aber erfahren wir auch von den vielen Möglichkeiten, trotz oder gerade wegen des Schattens die Seiten des Lichts zu erkennen. Niemand kann uns Licht verordnen, kein Gesetz dieser Welt kann uns zu diesem Licht verpflichten. Wir sind es, die auf das Lied des Lebens lauschen müssen. Es verleiht unserer Seele Flügel.

Das kann er gar nicht so ernst gemeint haben

Papstbesuch in Innsbruck. Die Jugendlichen waren begeistert. Eine Zeitung bringt ein Interview mit einer Jugendlichen: Was hast du vom Papst gehalten? Sie ist begeistert. Der Papst ist so lieb und so nett mit uns Jugendlichen. Der Journalist fragt nach: Und wie geht es dir mit den Aussagen des Papstes, z. B. mit der Aufforderung nach vorehelicher Enthaltsamkeit? Die Jugendliche antwortet nach einer kurzen Nachdenkpause: Der Papst ist so lieb, das kann er gar nicht so ernst gemeint haben.

Diesen Satz wenden wir doch allzu gern auch auf Jesus an: „Jesus ist so lieb, das kann er doch gar nicht so ernst gemeint haben." Schon in der Bibel berichtet der Evangelist Markus von einer solchen Situation. Ein reicher Mann kommt zu Jesus und fragt: Was muss ich tun, um das ewige Leben zu gewinnen? (vgl. Markus 10,17) Die Antwort Jesu ist klar: Halte die Gebote. Aber auf die Erwiderung, dass er diese von Jugend an befolge, setzt Jesus noch eines drauf: Verkaufe alles, was du hast und gib das Geld den Armen.

Da bleibt uns doch die Luft weg. Der Mann damals zumindest war traurig und ging weg. Auch die Jünger waren bestürzt und erschrocken. Da drängt sich uns gerne der Gedanke auf: Das kann er doch gar nicht so ernst meinen.

Klar und barmherzig

Wenn wir auf Jesus schauen, dann begegnen uns zwei Brennpunkte in einer Ellipse. Wenn es um die Sache geht, ist Jesus klar und zu keinen Kompromissen bereit. Mord ist eben Mord. Ehebruch ist Ehebruch. Euthanasie ist Euthanasie. Diebstahl ist Diebstahl usw. Wenn es um den Menschen geht, ist Jesus unendlich barmherzig. Er wendet sich konsequent und ebenso kompromisslos den Menschen zu, die von der Gesellschaft an den Rand gespült werden: Kranke, Alte, Aussätzige, Sünder ... Wenn es um den Menschen geht, fährt Jesus bei Rot über die Kreuzung. Das ist keine Frage.

Diese beiden Brennpunkte im Reden und Handeln Jesu sind auch die zwei Brennpunkte für uns Christen heute und für die Kirche. Klar, profiliert in den Aussagen – kompromisslos und unerschrocken in der Zuwendung zu den Menschen. Man müsste den Satz dieser Jugendlichen eigentlich umschreiben: Der Papst ist so lieb und deshalb meint er es so ernst.

Du wirst frei sein

Der Theologe Piet van Breemen SJ versucht in seinen „Zehn Geboten für mich" die Gebote des Alten Testaments so zu formulieren, dass die Chance für das Leben sichtbar wird:

1. Du wirst frei sein, wenn du nichts Gott gleichsetzt. Er ist der alles entscheidende Bezugspunkt deines Lebens.
2. Du wirst frei sein, wenn du dem Namen Gottes vertrauen kannst: „Ich bin da!" Du wirst in Angst und Enge seine Weite, in der Unterdrückung seine Freiheit und in der Not seine Liebe erfahren. Und rechne damit, dass Gott oft unerwartet und immer wieder neu gegenwärtig ist.
3. Du wirst frei sein, wenn du akzeptieren kannst, dass deine Arbeit, deine Leistungen und Erfolge nicht alles be-

deuten. Dein Leben ist unendlich viel mehr wert. Halte deshalb ab und zu inne, und gestalte aus diesem dir umsonst geschenkten Reichtum einfach ein Fest.

4. Du wirst frei sein, wenn du für die Vorgabe deiner Eltern danken kannst; wenn du dich anvertraust dem Ursprung deines Lebens, der du nicht selber bist; wenn du dich annehmen kannst mit deiner Vergangenheit und ihren Prägungen.

5. Du wirst frei sein, wenn du auch das Leben anderer als Geschenk annimmst. Sieh im andern nicht den Rivalen oder Konkurrenten (der beseitigt werden muss); lass dich vielmehr von seinem Reichtum beschenken. Bedenke: Alles Tödliche kommt aus einem eifersüchtigen, undankbaren Herzen.

6. Du wirst frei werden, wenn du Menschen um ihrer selbst Willen lieben kannst. Nütze keinen als Mittel für deine eigenen Ziele und Pläne aus! Binde Menschen nicht an dich, sondern vermittle ihnen Halt in Gott.

7. Du wirst frei sein und neidlos den Besitz anderer gelten lassen können, wenn du für deine Fähigkeiten, Begabungen und deine schöpferische Phantasie von Herzen danken kannst. Nicht Haben macht dich frei, sondern die Distanz zu den Dingen.

8. Du wirst frei sein, wenn du wahrhaftig bist: Die Wahrheit wird dich frei machen. Lügen zerstört Vertrauen, die Lebenslüge verhindert dein Glück.

9. Du wirst frei sein, wenn du tief in deinem Herzen zufrieden sein kannst. Begierde ist Ausfluss des Herzens voller Fixierungen und Zwänge, dies oder jenes unbedingt haben zu müssen, und meist die Folge mangelnder Dankbarkeit für erhaltene Wohltaten.

10. Du wirst frei sein, wenn du bestehende Beziehungen und Bindungen akzeptieren kannst. Versuche dich nicht aufzudrängen oder dich in Freundschaften zu mogeln. Erfahrungen wahrer Liebe sind immer Geschenk.

Reisen, um bei uns anzukommen

„Weil wir Heimweh haben, verreisen wir", las ich in einem Reiseroman. Erzählt wird darin die Geschichte eines Mannes, der loszieht, um am Ende bei sich selbst zu landen. Während er wegfährt, weiß er nichts davon. Und als er spürt, dass das Reisen auch unangenehm sein kann, gibt es kein Zurück mehr. Die Rückkehr zu uns selbst kann oft sehr schmerzhaft sein, mit vielen Hürden verbunden und damit ganz und gar nicht leicht. Doch während unserer Reise gibt es kein Zurück. Einmal losgefahren, wollen, ja müssen wir ankommen.

Heimat, die Gott schenkt

Am Ende suchen wir Heimat. Und diese lebensnotwendige Beheimatung kann uns schließlich nur Gott schenken. Er gibt uns dazu ein wichtiges Instrument in die Hand: Rituale. Und in der Urlaubszeit, wo wir in Ferienclubs, Hotels, an Stränden und in fernen Ländern Tage der Erholung suchen, geben uns Rituale den notwendigen Halt im „Shopping-center der unendlichen Möglichkeiten". Gerade im Urlaub, während einer Reise, entdecken wir doch all unsere Unsicherheiten und die Sehnsucht nach einer inneren Heimat. Rituale geben uns dieses Daheim. Sei es ein morgendlicher Spaziergang, ein kleines Gebet – oder besser noch beides gemeinsam. So entdecken wir die wohltuende Wirkung: Eins sein mit uns und der fremden Welt, die wir sowohl im Großen wie auch im Kleinen entdecken können.

Gesunde Rituale

Gesunde Rituale sollten uns ständig begleiten. Solange wir auf gesunde Rituale in unserem Alltag achten, schleichen sich keine krankmachenden Gewohnheiten ein. Wir werden nicht in den Tag hineinhetzen, wir werden unser Frühstück nicht hinunterschlingen, wir werden nicht immer zu spät dran sein. Rituale helfen, uns für den Tag und die Anforderungen des Lebens bereit zu machen. In guten Riten fühlt sich die Seele wohl. Sie geben uns Geborgenheit und Ruhe, Klarheit und Toleranz.

Beginnen wir unser Alltagstempo herunterzuschrauben, dann entdecken wir die vielen kleinen Dinge, die Gott uns schenkt: das freundliche Lächeln unseres Nachbarn, die Gemütlichkeit eines gemeinsamen Mittagessens, das gute Gespräch auf dem Kirchplatz. Wir merken, dass wir diese Dinge für kein Geld dieser Welt kaufen können. Wir erkennen das große Geschenk, das Gott uns mit seiner Welt macht. Den liebevollen Umgang mit diesen Geschenken zu erhalten, bedarf der Rituale. Hier ein paar Anregungen, damit Sie sich in Ihrem „Daheim" wohl fühlen können:

Orte der Kraft

Suchen Sie regelmäßig einen Ort auf, an dem Sie innehalten, an dem Sie aufatmen. Und manchmal suchen Sie einen Ort auf, an dem Sie noch nie waren: um Ihrer Sehnsucht nach Ihrem „Daheim" nachzuspüren und um zu erkennen, was es zu entdecken gibt auf unserer Erde.

Halten Sie fest am Gedanken, dass das Wesentliche im Leben niemals machbar ist, sondern immer ein Geschenk und eine Gnade bleibt.

Zeichen für eine gute Welt

Kraft kann Ihnen geben, wenn Sie gelegentlich Widerstand leisten und Zeichen setzen für eine gerechtere Welt. Dort, wo Sie leben: in der Familie, im Freundeskreis, im Beruf. So können Gerechtigkeit, Lebensfreude und Solidarität erst spürbar werden. Immer mit dem Strom zu schwimmen, erfüllt viele Menschen mit dem Gefühl der Langeweile. Die helfende Hand zu sein, Stärke zu zeigen, erfüllt mit großer Freude.

Mystische Augenblicke

Schenken Sie sich geistliche Augenblicke, in denen Zeit und Raum aufgehoben scheinen, wo Sie in Berührung kommen mit Gott. Wie im Spiel eines Kindes, das sich ganz seiner Beschäftigung hingibt. Die Berührung mit Gott ist die Quelle des Lebens. Suchen Sie Rituale, die Sie diese Umarmung mit Gott spüren lassen. So wird Versöhnung immer möglich sein. Die Versöhnung mit den Anforderungen und Problemen des Alltages.

Wir müssen uns wohl fühlen können im „Haus unseres Lebens". In uns selbst. Dort sind wir für die Zeit auf dieser Erde zu Hause.

DASS FRÜCHTE REIFEN

Wer der Erste sein will

Die Jünger Jesu streiten, wer der Größte von ihnen sei. Auf dem Höhepunkt ihrer Größenphantasien stellt Jesus ein Kind in ihre Mitte. „Wer der Erste sein will, soll der Letzte von allen und der Diener aller sein." Jesus nimmt das Kind in seine Arme und sagt zu ihnen: „Wer ein solches Kind um meinetwillen aufnimmt, der nimmt mich auf." (Markus 9,35f.)

Ein Bild, das berührt. Das Kind, das ich einmal war, ist immer noch in mir. Vielleicht ist es etwas vom Wichtigsten, diesem Kind, das ich einst war, treu zu bleiben, anstatt es zu unterdrücken um den Preis des Erwachsenseins. Der französische Schriftsteller Georges Bernanos schreibt hierzu: „Das Herz der Welt schlägt noch immer. Dieses Herz ist die Kindheit."[38] Ich sage nicht, wie es in einem Lied heißt: „Kinder an die Macht", aber ich meine, wir sollten uns den kindlichen Blick bewahren, wenn Jesus sagt: Werdet wie die Kinder.

Der Blick in die Schöpfung

Wenn ein Zugvogel während des Fluges krank wird, verlassen zwei Vögel die Formation, um ihm zu helfen und ihn zu schützen. Sie bleiben so lange bei ihm, bis er wieder flugfähig ist oder stirbt.

Wenn Kälte und Stürme am Südpol selbst Menschen in Hightech-Kleidung nicht lange überleben lassen, dann stellen Pinguine sich dicht zusammen. Die Jungtiere und Weibchen stehen in der Mitte, wo es am wärmsten ist. Außen stellen sich die Männchen wie eine Wagenburg mit dem Gesicht nach innen auf. Da aber der mörderische Sturm von einer Seite tobt, dreht sich der äußere Kreis langsam, so dass jedes Tier einmal den Sturm voll ertragen muss, sich dann aber wieder im Windschatten erholen kann.

Hier – in der Schöpfung – sehen wir eine Solidarität, die wir bei uns Menschen mit unserer hohen Intelligenz vielleicht manchmal vermissen. Nicht Beschuldigungen, gegenseitiges mediales Austricksen und Gier bringen uns weiter. Der Weg, der weiterführt, ist der Weg des Evangeliums. Jesus fordert uns auf: Werdet wie die Kinder. Und an einem anderen Ort: Seht euch die Vögel des Himmels an. Solidarität, Respekt, Achtsamkeit im Miteinander und die biblische Haltung des Dienens sind dringende Gebote der Stunde.

Selig, die Frieden stiften

Menschen, die im Sinne Jesu leben, sind zum Frieden berufen. Immer wieder hören wir dramatische Appelle für den Frieden. Papst Franziskus sagt im Blick auf die Situation in Syrien: „Ich erhebe einen nachdrücklichen Friedensappell, einen Appell, der aus meiner tiefsten Seele kommt! Wie viel Leid, wie viel Zerstörung, wie viel Kummer hat der Gebrauch der Waffen in diesem gepeinigten Land und insbesondere unter der wehrlosen Zivilbevölkerung verursacht. Wie viel Qualen ruft er weiter hervor! Machen wir uns bewusst: Wie viele Kinder können nicht mehr das Licht der

Zukunft erblicken! Mit besonderer Schärfe verurteile ich den Gebrauch chemischer Waffen: Ich sage euch, ich habe noch ständig jene schrecklichen Bilder der vergangenen Tage in meiner Erinnerung und in meinem Herzen! Es gibt ein Urteil Gottes und auch ein Urteil der Geschichte über unsere Taten, denen man nicht entrinnen kann! Niemals wird der Gebrauch der Gewalt zum Frieden führen. Krieg weckt Krieg! Gewalt weckt Gewalt!"

Ein Weg zum Frieden

Friede beginnt im Kleinen, wie auch Krieg im Kleinen beginnt. Jean Vanier, der Gemeinschaften gründete, in denen Menschen mit und ohne geistige Behinderung in christlicher Weise zusammenleben, hat sich sehr intensiv mit dem Thema Frieden beschäftigt. Er gibt sechs Markierungen für den Weg zum Frieden:[39]

1. Erweise jedem einzelnen Menschen Achtung.
2. Schaffe den Freiraum, den die Menschen zum Wachstum und zur Entdeckung ihres inneren Reichtums brauchen.
3. Suche immer wieder das Gespräch.
4. Stimme ständig die gegenseitigen Erwartungen aufeinander ab.
5. Freue dich an der Verschiedenheit der Menschen.
6. Bemühe dich immer um diejenigen, die am meisten leiden.

Das Gebet

Von Dom Helder Camara stammt der Ausspruch „Wenn ein Mensch träumt, dann bleibt es ein Traum. Wenn aber viele träumen, dann ist es der Beginn einer neuen Wirklichkeit." Das Beten für den Frieden verändert die Haltung von Millionen. Das folgende Friedensgebet wird im Europakloster Gut Aich oft gebetet:

Allmächtiger, gütiger und barmherziger Gott,
mit allen Menschen guten Willens bitten wir
um den Frieden in dieser Welt.
Rühre Du die Herzen der Menschen an
und gib uns Gedanken des Friedens und der Versöhnung.
Erfülle Du die Menschen mit Ehrfurcht
vor dem Leben eines jeden Einzelnen,
vor dem Leben aller Völker, Religionen und Nationen
und vor dem Geschenk der Schöpfung.
Gib, dass der Wille zum Frieden den Hass überwindet
und Rache der Versöhnung weicht.
Lass die Menschen erfahren,
dass sie alle Deine Kinder und Geschwister sind,
denen Du Deine Liebe schenkst.
Und lass uns selbst in dieser Liebe leben.
Gütiger Gott, mach mich und alle Menschen
zum Werkzeug Deines Friedens!

Friede ist ein zerbrechliches Gut in unserem persönlichen Leben und auch in der Welt. Es lohnt sich, sich jeden Tag dafür einzusetzen.

Darf ich Ihnen eine Frage stellen?

Sicher kennen Sie die Geschichte vom reichen Prasser und von Lazarus (Lukas 16,19–31): die Geschichte des Armen, der vor den Toren des Reichen liegt und keine Hilfe bekommt. Müssten Sie dem Reichen und dem Armen in dieser sehr provokanten Erzählung Sympathiepunkte geben, wie würden Sie sich entscheiden?

Ein Reicher verschließt seine Tür vor einem Armen. Das Elend der Welt soll draußen bleiben. Mehr noch, heute ist es oft in einem Maße unangenehm, dass es möglichst von selbst verschwinden soll. Der Arme geht an der Gleichgültigkeit des Reichen zu Grunde. Der Reiche hingegen, er geht an seiner Selbstbezogenheit zugrunde. Am Ende, so schildert es die Bibel, leidet der Reiche an Einsamkeit und Qual, während der Arme geborgen ist in Gott.

In einem Sympathie-Ranking würde vermutlich Lazarus, der Arme, gewinnen. Er hat unser Mitgefühl – an seinem Schicksal nehmen wir Anteil.

Und heute

Zwei Bilder sind mir präsent. Ein Treffen von Liebhabern einer Luxusautomarke. Ein besonderes Exemplar steht am Dorfplatz. Plötzlich bleibt ein Auto stehen und drei junge Arbeiter steigen aus. Sie machen Fotos von dieser Luxuslimousine, von allen Seiten wird der teure Wagen abgelichtet. Sie bestaunen etwas, das sie wohl nie in ihrem Leben besitzen werden. Bestaunen, was für sie immer unerreichbar bleiben wird. Ich spüre Beklemmung, während ich die Arbeiter beobachte.

Eine andere Erfahrung: Ich besuche einen alten Mann im Pflegeheim. Er erzählt mir, dass in diesem Moment seine Wohnung ausgeräumt werde. Seine einfachen letzten Habseligkeiten werden in einen Container geworfen. Für andere wertlos, für ihn voller Erinnerungen. Mit Tränen in den Augen spricht er einen sehr wehmütigen Satz aus: Heute wird der Franz in den Container geworfen. Sich selbst also sieht er entsorgt an diesem Tag. Armut hat viele Gesichter, ist voller Schattierungen.

Unsere Welt

Eine praktische Rechnung möchte ich Ihnen zumuten. Stellen wir uns vor, die Weltbevölkerung wäre ein 100 Einwohner zählendes Dorf. Nur sechs Personen würden 60 Prozent des gesamten Reichtums besitzen. 80 lebten in baufälligen Hütten. 50 würden an Unterernährung leiden. Einer hätte einen Computer. Einer, nur einer verfügte über einen Universitätsabschluss.

Wenn wir Essen im Kühlschrank haben, Kleider am Leib, ein Dach über dem Kopf, einen Platz zum Schlafen, dann sind wir reicher als 75 Prozent der Menschen dieser Erde. Wenn wir Geld auf unserem Konto haben, gehören wir zu den privilegierten 8 Prozent der Welt.

Brücke des Herzens

Die Kluft zwischen dem reichen Mann, der reichen Frau und dem armen Lazarus ist unermesslich. Diese Kluft zu überwinden, dazu braucht es unser Hören mit dem Herzen. Sympathie also für den Armen, der materiell leidet, für den

127

Schwachen, der keine Stimme hat, für den Arbeiter, dessen Herz für Dinge schlägt, die er nie besitzen wird. Sympathie für den einsamen Nachbarn, den Kranken, den, der sich verlassen fühlt, lässt unsere Herzen höherschlagen als jeder Reichtum dieser Welt.

Danken und Teilen

Petrus Ceelen hilft uns mit seinen Gedanken weiter:

Wer denkt,
dankt.
Wer dankt,
denkt weiter.
Wer weiter denkt,
hört nicht auf zu danken
und fängt an zu teilen.

Die Dankbarkeit ist das Gedächtnis des Herzens. Sie hilft uns leben, sie macht die Welt menschlicher und heller und sie führt uns hinein in die Haltung des Teilens.

Vielleicht können Sie heute bereits eine Brücke bauen zu einem Menschen, der Sie braucht.

9

Einer, der dich unendlich sanft in seinen Händen hält

Jahreszeiten prägen Menschen. Im Herbst, zur Zeit der Ernte, zeigt sich, ob das vergangene Jahr ein gutes Jahr war. Ob zum richtigen Zeitpunkt ausgesät wurde, ob das Wetter mitgespielt hat und vieles mehr. Im Herbst, wenn die Blätter von den Bäumen fallen, die Tage kürzer und das Sonnenlicht spärlicher werden, stellt sich heraus, wie viel Regen, Sonne und Licht das Jahr über vorhanden waren. Im Herbst stellt sich heraus, was man aus dem Sommer mitnehmen konnte.

Woher kommen Sonne und Licht im alltäglichen Leben, wenn der Nebel einfällt und der Winter naht? Zentrale Lebensfragen drängen sich auf: Woher komme ich? Wohin gehe ich? Was bleibt, wenn ich gehe? In welches Netz von Beziehungen ist mein Leben gebettet? Worauf warte ich in meinem Leben? Worauf baue ich? Nie werde ich in diesem Leben alle diese Fragen beantwortet haben. Gemischte Gefühle und Fragezeichen werden bleiben. Doch eine Zusage steht, die bei Jesaja ermutigend zusammengefasst ist:

„Jetzt aber – so spricht der Herr,
der dich geschaffen hat, Jakob,
und der dich geformt hat, Israel:
Fürchte dich nicht, denn ich habe dich ausgelöst,
ich habe dich beim Namen gerufen,
du gehörst mir.
Wenn du durchs Wasser schreitest, bin ich bei dir,
wenn durch Ströme, dann reißen sie dich nicht fort.

Wenn du durchs Feuer gehst, wirst du nicht versengt,
keine Flamme wird dich verbrennen.
Denn ich, der Herr, bin dein Gott,
ich, der Heilige Israels, bin dein Retter. …
Weil du in meinen Augen teuer und wertvoll bist
und weil ich dich liebe, gebe ich für dich ganze Länder
und für dein Leben ganze Völker.
Fürchte dich nicht, denn ich bin mit dir. (Jesaja 43,1–5)
Kann denn eine Frau ihr Kindlein vergessen,
eine Mutter ihren leiblichen Sohn?
Und selbst wenn sie ihn vergessen würde:
Ich vergesse dich nicht.
Sieh her: Ich habe dich eingezeichnet in meine Hände.
(Jesaja 49,15f.)

Der Herbst und das vorgerückte Alter haben einiges gemeinsam. Im Alter stellen sich viele Menschen immer wieder die Frage, ob ihr Leben ein gutes, ein geglücktes war. Rainer Maria Rilke kleidet diesen Zusammenhang in seinem Gedicht „Herbst" eindrucksvoll in Worte:

Die Blätter fallen, fallen wie von weit,
als welkten in den Himmeln ferne Gärten;
sie fallen mit verneinender Gebärde.

Und in den Nächten fällt die schwere Erde
aus allen Sternen in die Einsamkeit.

Wir alle fallen. Diese Hand da fällt.
Und sieh dir andre an: es ist in allen.

Und doch ist Einer, welcher dieses Fallen
unendlich sanft in seinen Händen hält.[40]

OKTOBER

EIN DANKBARES HERZ

Alles beginnt mit der Sehnsucht

Manchmal sehen wir alles nur mehr schwarz. Alles erscheint uns trist, bedrückend und schwer. So ergeht es auch dem blinden Bettler Bartimäus, von dem die Bibel berichtet (Markus 10, 46–52).

Bartimäus sieht nur schwarz. Das „Heute" ist traurig und das „Morgen" ist ohne Aussicht auf Besserung. Bartimäus vegetiert dahin im Ghetto seiner Dunkelheit. Er fühlt sich wertlos, ausgeklinkt vom Pulsschlag des Lebens. Doch die große Sehnsucht nach dem Sehen-Können – sein Sehen-Wollen – gibt ihm Kraft und Mut aufzuschreien, als Jesus vorübergeht. Und für Jesus ist dieser Schrei eines Ausgegrenzten und Isolierten wichtiger als lautstarke Hosiannarufe.

Wenn, Gott sei Dank, ein Großteil der Menschen die körperliche Blindheit nicht erleiden muss, so erleben wir doch täglich die Blindheit des Herzens. Diese Erblindung lässt uns das Wertvolle und Schöne im Leben nicht wahrnehmen, nicht erkennen. Die Möglichkeit, Glück zu empfinden, wird nahezu unmöglich, das Leben selbst verliert an Sinn und Tiefe. Jede Freude geht verloren. Die Geschichte des Bartimäus, die Haltung Jesu in dieser Situation können uns helfen, im ganzheitlichen Sinn Sehende zu werden. Die Sehnsucht nach einem geglückten Dasein erfüllt sich durch innere Haltungen:

Dankbarkeit

Zum einen durch die Dankbarkeit. Diese führt uns in das Geheimnis, das wir Gott nennen. Ein dankbarer Mensch weiß, dass er alles in seinem Leben geschenkt bekommen hat: die Liebe, die Freude, die berufliche Ausbildung, das berufliche Glück. Wer darüber nachdenkt, der dankt auch gerne.

Aufmerksamkeit

Die Achtsamkeit für das Alltägliche kann unsere Sehnsüchte nach tiefem Dasein erfüllen. An der Straße unseres Lebens liegen viele Geschenke, die gerne und allzu oft übersehen werden: das Lächeln eines Menschen, ein herrlicher Herbsttag, ein Sonntag mit Verwandten und Freunden, ein Spaziergang.

Das Herzensgebet

Ein Gebet, das Mönche seit Jahrtausenden pflegen, drückt besonders schön die Haltung aus, die uns zum Wesentlichen des Lebens führt. Die Mönche, die im ständigen Suchen nach einer intensiven Verbindung zu Gott sind, beten immer wieder: „Mein Herr und mein Gott!" Nicht nur in der Kirche, nicht nur zu festgelegten Gebetszeiten pflegen sie die Verbindung mit Gott, sondern mitten im Alltag. Im Hier und Jetzt, wie es ein Mystiker unserer Tage ausdrückt, Bruder David Steindl-Rast: [41]

Jeder Ort ist heiliger Boden,
jeder Ort kann Stätte der Begegnung werden,
der Begegnung mit göttlicher Gegenwart.
Sobald wir die Schuhe des Daran-gewöhnt-Seins ausziehen
und zum Leben erwachen,

erkennen wir:
Wenn nicht hier, wo sonst?
Wann, wenn nicht jetzt?
Jetzt, hier oder nie und nirgends
stehen wir vor der letzten Wirklichkeit.

Die Sehnsucht führt uns durch unsere eigene Aufmerksamkeit in ein tiefes, genaues Sehen, ja Erkennen. Dankbarkeit, Aufmerksamkeit und Achtsamkeit, und nicht zuletzt das Herzensgebet führen uns in einen weiten Raum der Freude. Sie führen uns in den Raum Gottes.

Sagt Dank allezeit und für alles

Der Herbst ist die Zeit der Ernte und des Dankes. Auch in unseren Kirchen werden Feldfrüchte, Getreide, Blumen und Obst dekorativ vor dem Altar platziert. Mancherorts wird eine aus Getreide geflochtene Erntekrone in einer Prozession durch die Gemeinde getragen. In ländlichen Gemeinden kommt fast das ganze Dorf zum Gottesdienst. Und doch, viele fragen sich, wofür eigentlich gedankt wird.

Dazu kommt mir die Episode einer Frau in den Sinn, die mit ihrem Mann am Tisch sitzt. Er hat seine Nase tief in der Tageszeitung vergraben – bis sie ihn fragt: „Ist es dir je in den Sinn gekommen, dass das Leben mehr bietet als das, was in der Welt vor sich geht?" Die Zeitung ist voller Krisen und Tragödien, voller Mühen und Konflikte. Das Leben aber ist vor allem Sehnsucht und Wunschtraum, getragen vom Bedürfnis nach Liebe und Zuneigung. Wer glaubt, der weiß auch: Das Leben ist schließlich vom Wind verweht, von dieser Erde verschlungen.

Im Stillen liegt der Dank

Und so ist es das oft Übersehene, das unser Leben so lebenswert macht. Dafür soll gedankt werden. Für das Getreide, das eingebracht wurde, für jeden Halm, für jede Ähre, für jedes Korn. Für die unzähligen Schattierungen des Grüns, für Regen, Sonne und Wind, für das Rauschen der Bäume, für das Lied eines Vogels, für die Stille der Nacht. Für jeden Tisch, an dem nützliche Arbeit verrichtet wird, für jeden Handgriff, der Neues schafft und Altes repariert. Für jede Stimme, die nicht müde wird, Gerechtigkeit zu fordern. Für jeden Gedanken, der um die Beseitigung der Armut kreist. Für jeden Gedankenblitz, der eine Wende markiert, neue Möglichkeiten für ein gutes Leben in diesem Land, auf dieser Welt erschließt.

Wie heißt es: Weisheit äußert sich nicht in Worten. Sie wird in Taten ausgedrückt. Für jeden guten Gedanken, der zur Tat geworden ist, muss gedankt werden. Danke für jedes Wort, das – überlegt oder spontan – gefüllt war mit Liebe, das Mut zusprach, Hoffnung anstimmte, Sinn stiftete.

Von der Weisheit des Dankens

Für jedes Gesicht, auf dem ich ein Lächeln ernten durfte, für jedes Ohr, das sich wirklich öffnete für meine Fragen, meine Klagen, meine Ratlosigkeiten, darf ich dankbar sein.

Danke für jede Seele, die Verwandtschaft mit meiner Seele offenbarte.

Danke für die Kinder, die geboren werden und unbeschwert heranwachsen können. Bei aller Eitelkeit, die uns anklebt, bei aller Gier und allem Egoismus, die uns anhaften, sind uns Kinder eine ständige Erinnerung und Mahnung an die Werte des Menschseins. Wir sind nicht Gott. Wir haben diese Erde nur als Leihgabe bekommen. Wir tragen Verantwortung für die Generationen nach uns. Was wir haben, ist geschenkt.

Danke für die Möglichkeit, schenken zu können. Danke für das Wunder, sich gerade im Hergeben als reich zu erfahren. Danke für alle Menschen, die großzügig sind und nobel.

Dass es immer schwieriger wird, das Erntedankfest in seiner umfassenden Bedeutung zu spüren, liegt auf der Hand. Wie viele Großstadtkinder wissen noch, woher die Milch kommt? Wie vielen Menschen fällt beim Einkauf im Supermarkt noch auf, dass es fast alle Gemüsesorten das ganze Jahr über gibt?

Hin zur Stille

So ist das Erntedankfest in unseren Kirchen Anlass, den kurzen, stillen Moment auszukosten. Anthony de Mello SJ schreibt:[42]

Als du noch im Mutterleib warst,
hast du geschwiegen.
Dann wurdest du geboren
und fingst an zu sprechen, sprechen, sprechen –
bis der Tag kommt, da man dich ins Grab legt.

Dann wirst du wieder still sein.
Fange dieses Schweigen ein,
das im Mutterleib war
und im Grab sein wird
und selbst jetzt dieses Intervall von Lärm unterläuft,
das Leben heißt.
Dieses Schweigen ist dein tiefstes Wesen.

In der Stille erkennen wir: Danke, Jesus Christus, dass Du Mensch geworden bist. Danke für die Frucht Deines Sterbens. Danke für die Auferstehung zum Leben.

Eine Frage der Klugheit

Der Brief des Apostels Paulus an die Christen in Kleinasien (nach Epheser 5,15f.) sagt es kurz und prägnant: „Achtet also sorgfältig darauf, wie ihr euer Leben führt, nicht töricht, sondern klug. Sagt Gott jederzeit Dank für alles im Namen Jesu Christi, unseres Herrn!"

Die Welt im Gleichgewicht

Sie erregen selten Aufsehen, die Klostergemeinschaften in unserem Land. Sie wirken meist in der Stille, im Verborgenen. Nur selten erschließt sich uns der tiefe und entscheidende Sinn des klösterlichen Lebens.

Die Kontemplativen

Andreas Knapp bringt das Unverzichtbare der kontemplativen Orden auf den Punkt, wenn er schreibt:[43]

> alles braucht ein Gleichgewicht
> weit sich aus dem Fenster lehnen
> kann nur der den jemand an den
> Füßen hält
>
> am sensibelsten jedoch
> ist das ökologische
> Gleichgewicht der Gnade
>
> wer nach Kosten / Nutzen rechnet
> für den sind stille Klöster überflüssig
> im Verborgenen jedoch sind sie es
> die die Welt in der Balance halten
> denn alles Laute braucht das Leise
> um nicht sinnlos zu verlärmen
> selbst die großen Worte auf den Kanzeln

Wie wahr: Wer nach Kosten und Nutzen rechnet, für den sind stille Klöster vielleicht wirklich „überflüssig". Hingegen führen Klöster uns heute wie auch schon zu Zeiten ihrer Gründung wertvolle „Schwergewichte" vor Augen.

Es muss doch mehr als alles geben

In unserer eindimensionalen, überreizten Welt voller Bewegung und Zerstreuung wirken kontemplative Klöster vielleicht wie eine Provokation. Zugleich sind sie für die Menschen in ihrer Sehnsucht nach Religiösem auch zur Herausforderung geworden.

Zum Beispiel die Redemptoristinnen von Lauterach: In einer hektischen Welt an der viel befahrenen Bundesstraße B 190 halten sie ein Fenster zum Himmel offen. Stellvertretend für viele, die vielleicht in der Geschäftigkeit des Alltages fast ertrinken, stehen sie vor Gott. Beeindruckend, wie viele Menschen dort täglich ihre Sorgen dem Gebet der Schwestern anvertrauen.

Eine „Vernetzung anderer Art"

Vernetzung hat Konjunktur. Über den ganzen Erdball hinweg kann sich der Mensch heute rasch verbinden, kann Informationen austauschen, Ressourcen nutzen. Auch der weltumspannende Terrorismus bedient sich dieser Vorteile. Und gerade deshalb braucht die Welt eine Vernetzung der guten Art. Das weltumspannende Netz von Klöstern ist ein Netzwerk zwischen Gott und Mensch.

Menschen in Ordensgemeinschaften sind in radikaler Weise Mitarbeiter und Mitarbeiterinnen Gottes. Wo Menschen sich mit Gott vernetzen, da geht es nicht um Selbstdarstellung, um Ruhm und Macht, sondern um die eine,

entscheidende Frage: Wie kann Gottes erlösendes, befrei-
endes und heilendes Handeln in der Welt präsent sein?

Ausschau halten

Ordensgemeinschaften zeigen uns ein Gegengewicht zu
unserem konsumgeprägten Leben: In den Adern des Menschen pulsiert die Gottessehnsucht. Das Bewusstsein, dass
die letzte Erfüllung noch aussteht – im ewigen Leben bei
Gott. Ein Leben in Armut und in Ehelosigkeit ist ein wichtiges Zeugnis, eine wichtige Provokation für uns „diesseits-
verliebte" Menschen des 21. Jahrhunderts.

Hier dürfen Sie schweigen

Ein großes Transparent mit diesem Satz hing einmal in
einer Kirche. Es fand großes Echo. Verständlich. In einer
Zeit der ständigen Berieselung, des Verkehrslärms haben
wir die Sehnsucht nach Stille. In manchen Ordensgemeinschaften wird fast den ganzen Tag geschwiegen. Sie erinnern uns daran, dass Kommunikation wichtig ist, dass es
aber zum Gelingen auch Räume des Schweigens und der
Stille braucht, damit Kommunikation nicht zum leeren Ge-
quassel verkommt.

Vielleicht sollten wir uns mehr und mehr bewusst werden: Es gibt nicht nur das Recht auf das freie Wort, es gibt
auch das Recht auf Schweigen und Stille. Denn alles Laute
braucht das Leise, um nicht sinnlos zu verlärmen. Orte des
wohltuenden Widerstands und der Unterbrechung wie die
Klöster bereichern unser Land.

Unsere Mission

Im Märchen „Stella" erzählt Sergio Bambaren[44] die Geschichte der kleinen Taube Stella, die darunter leidet, nicht so wie die anderen zu sein – bis sie erkennt, dass ausgerechnet sie den Menschen eine ganz besondere Botschaft zu überbringen hat. Jedes Geschöpf hat auf Erden eine Mission zu erfüllen. In einem Gespräch sagt der weise Uhu zu der kleinen Stella: „Denk immer daran, auf dein Herz zu hören, dann wird deine Mission gelingen. Hab keine Angst vor der Dunkelheit. Gerade bei Nacht kannst du alle Sterne sehen und den entdecken, der dich führen wird; aber wenn du nicht auf deine innere Stimme hörst, wirst du ihn nicht erkennen. Folge der Eingebung deines Herzens und kümmere dich nicht darum, was die anderen denken."

Ist es möglich, diese meine persönliche Mission zu finden? Ich glaube, ja.

Finde deine Lebensspur

In der Psychologie kennen wir das sogenannte „Wertfühlen". Doch was hat es auf sich mit den Werten? „Den Sinn des Daseins erfüllen wir, unser Dasein erfüllen wir mit Sinn, allemal dadurch, dass wir Werte verwirklichen", sagt Viktor E. Frankl, Begründer der Logotherapie und Existenzanalyse[45]. Wert ist mir etwas, wofür ich bereit bin, Zeit, Geld, mühevolles Bestreben und Engagement zu investieren. Hoffnung und Glauben können in unserem Leben im Wert ganz oben stehen, sie können unser tägliches

10

Tun prägen und ausmachen. Wertfühlen meint also letztlich, dem eigenen Gefühl zu vertrauen.

Das wertvolle Erleben kann uns niemand beibringen. Wir müssen die Fährte dafür selbst finden. Wir vertrauen uns vielen Errungenschaften unserer Zeit an: der Wissenschaft, der Medizin, der Technik und nicht zuletzt vereinzelt auch „Gurus", die uns sagen, was gut und was schlecht für unser Wertempfinden sei. Doch wie steht es mit unseren Gefühlen? Mit jener „Stimme des Gewissens", die uns hinweist auf die wirklichen Werte, denen wir nachstreben wollen? Das Gefühl ist wohl das Authentischste, das Innerste, das Eigenste, was uns Menschen gegeben ist. Streben wir unserem Gefühl nach, unseren Bedürfnissen und Absichten, so gewinnt die Stimme unserer Seele an Kraft und Gewicht. Unterstützung finden wir in vielen schönen Gedanken, die uns auf die „wahrhaftige" Wirklichkeit hinweisen. So schreibt zum Beispiel Blaise Pascal bereits im Jahr 1662: „Das Herz hat Gründe, die die Vernunft nie weiß." Und weiter: „Es ist das Herz, das Gott fühlt und nicht der Verstand."[46]

Oder ich denke an Antoine de Saint-Exupéry, der sagt: „Man sieht nur mit dem Herzen gut, das Wesentliche ist für die Augen unsichtbar."[47] Oder wiederum Viktor Frankl: „Immer ist das Herz weitsichtiger, als der Verstand je scharfsichtig sein kann." Das Herz ist weitsichtiger. Das Finden der Herzensspur hat also sehr viel mit dem eigenen Gefühl, dem Suchen der Gefühle, dem Vertrauen auf das Gefühl zu tun.

In der Versöhnung: Leben

Wir sind eingeladen, uns bewusst der der Sonne abgewandten Seite des Lebens zuzuwenden. Gerade dann, wenn ich mich dem Schatten meines Lebens zuwende, der Schuld, merke ich, dass in den dunklen Stunden und Erfahrungen bisweilen ein Sinn innewohnt, der erst im Nachhinein erkennbar wird. Manches, was mich heute verzweifeln lässt, verwandelt sich morgen zum Segen.

IM GEHEIMNIS GOTTES ZUHAUSE

Wofür lebst du?

Was ist die Überschrift über meinem Leben? Wofür lebe ich eigentlich? Ganz plötzlich können wir auf diese Frage gestoßen werden – wenn wir am Grab eines geliebten Menschen stehen, wenn uns eine Krise erschüttert, wenn eine Beziehung zerbricht.

Was ist meine Bestimmung? Dieser Frage spürt die folgende Erzählung nach.

Die Weite des Horizonts

Wie jeden Tag wurden die Hausgänse aus ihrem Stall gelassen. Sie spazierten schnatternd auf dem Feld herum. Es ging ihnen nicht schlecht, denn Futter hatten sie genug und der Herbst war ja noch weit. Aber an diesem Tag widerfuhr ihnen eine denkwürdige Begegnung. Plötzlich hörten sie Rufe am Himmel, die sie verstanden wie ihre eigene Sprache. Hoch über ihnen flog ein Schwarm Wildgänse. Diese hatten ihre Vettern auf dem Boden bemerkt und riefen ihnen zu. Sie zogen einen Kreis in den Himmel. Die Hausgänse reckten ihre Hälse und brachten vor lauter Überraschung keinen Laut mehr hervor. Zugleich waren ihre Verwandten auch schon in der Weite des Horizonts verschwunden. Eine merkwürdige Ahnung von Freiheit und Weite überkam die eingezäunten Hausgänse. Für ein paar Augenblicke blieb es ganz still unter ihnen. Dann senkte die älteste Gans jäh ihren Kopf und wandte sich wieder dem gebotenen Futter zu. Und alle taten es ihr gleich. Nach und nach vergaßen die Hausgänse ihre wilden

Vettern und fügten sich ein in ihre wohlbestallte Unfreiheit mit fraglichen Zukunftsaussichten.

Die Berufung der Gänse

Von ihrem Ursprung her, ihrer Berufung folgend, sind Gänse wild lebende, freie Vögel, die jedes Jahr einen großen Vogelzug unternehmen. In Gefangenschaft werden ihre Flügel gestutzt, um ihren Drang des Fliegens zu unterbinden. Zugleich werden sie gefüttert, träge gemacht. Ihre Bestimmung lautet: Federn und Kochtopf. Die Idee Gottes wird zunichte gemacht.

In unserem Alltag geht es uns manchmal ähnlich, und erst in Zeiten der Ruhe kommen wir unserer inneren Bestimmung näher. Wir fühlen, was wir wirklich wollen. Frei von Alltagssorgen und Begrenzungen wissen wir, wohin unsere Bestimmung uns tragen will. Unsere Berufung liegt jenseits der Weite des Horizonts, das wissen wir. Die innere Stimme in den entspannten Tagen des Urlaubs erinnert uns daran. Vielleicht braucht es zum Aufbruch die Hilfe Gottes, der für uns Größeres angelegt hat, als wir erahnen können. Gott hilft uns, „fliegen" zu lernen.

Immer nach Hause

Die große Sehnsucht

Umfragen über die Werte und Sehnsüchte der Menschen stellen immer wieder ein Thema in den Vordergrund. Es ist die große Sehnsucht des Menschen, irgendwo zuhause zu sein, eine Heimat zu haben,

- einen Ort, wo ich Geborgenheit und Ruhe spüren darf;
- einen Ort, wo ich schwach sein darf, wo ich mich anlehnen kann;
- einen Ort, wo ich geliebt und respektiert bin.

Der Philosoph John O'Donohue sagt, dass „die Sehnsucht nach Zugehörigkeit den eigentlichen Kern unserer Natur bildet. Mögen wir uns oft auch isoliert fühlen, es ist die Natur unserer Seele, anzugehören."[48]

Die große Sorge

Dieser Sehnsucht steht manchmal eine andere Erfahrung gegenüber. Eine Studie über die Lebenswelten und Werthaltungen junger Menschen[49] sagt beeindruckend, dass Jugendliche große Ängste vor allem im sozialen Bereich haben: Angst, ohne Freunde zu sein, Angst vor der Trennung der Eltern, Angst vor Verarmung der Eltern. Daraus spricht die Sorge, dass diese Heimat – dieses Zuhause – zerbrechen könnte.

Sehr berührt hat mich, wie Arno Geiger die Demenzerkrankung seines Vaters beschreibt – mit dem treffenden Titel: „Der alte König in seinem Exil"[50]. Da geht es um

Menschen, die sich immer im Exil befinden. Sie machen die bedrückende Erfahrung, nie zuhause zu sein. Sogar im eigenen Bett und im eigenen Wohnzimmer haben sie das Gefühl, nicht zuhause zu sein.

Die große Zusage

Dem steht die große Zusage Jesu in der Bibel gegenüber (Johannes 14, 1–12): „Euer Herz lasse sich nicht verwirren. Glaubt an Gott und glaubt an mich. Im Haus meines Vaters gibt es viele Wohnungen. ... Ich gehe, um einen Platz für euch vorzubereiten." Und dann ist da noch der wunderschöne Satz am Ende des irdischen Lebens Jesu: „Ich bin bei euch alle Tage bis zum Ende der Welt." (Matthäus 28,20)

Das heißt, Jesus bietet uns über unsere irdische Wohnung hinaus einen Platz bei ihm, in seiner Nähe, in unserer wahren Heimat. Er wendet sich in einer neuen Weise uns Menschen zu, mit ihrer großen Sehnsucht, mit ihrer großen Sorge.

Ein unüberbietbares Zeugnis

Mit gefesselten Händen schreibt der selige Franz Jägerstätter kurz vor seiner Hinrichtung im Gefängnis Berlin-Tegel: „Nicht Kerker, nicht Fesseln, auch nicht der Tod sind imstande, einen von der Liebe Gottes zu trennen, ihm seinen Glauben und den freien Willen zu rauben. Gottes Macht ist unbesiegbar."[51] In der tiefsten Einsamkeit, in der Folter der Verlassenheit, kurz vor dem Weg zum Schafott sind diese Zeilen von unüberbietbarer Kraft. Nichts kann uns trennen von der Liebe Gottes.

Der Bogen des Vertrauens

Die brasilianische Präsidentin Dilma Rousseff, die deutsche Bundeskanzlerin Angela Merkel und sogar Papst Franziskus: Der Abhörskandal der US-Geheimdienste, der durch die Enthüllungen des früheren Geheimdienstmitarbeiters Edward Snowden ins Rollen kam, zieht weite Kreise. Die Möglichkeit einer totalen Überwachung, die hier sichtbar wird, schafft Unsicherheit, sie schürt Misstrauen und Angst. Auch wenn wir uns deswegen vielleicht noch nicht existenziell bedroht fühlen müssen, die Verunsicherung bleibt, das Vertrauen bekommt Risse.

Noch weit dramatischer und bedrohlicher ist die Kontrolle und Überwachung in totalitären Regimen. Das bekam auch Provikar Carl Lampert zu spüren, der am 13. November 1944 von den Nationalsozialisten hingerichtet wurde. Trotz Verhören, trotz Erniedrigung und seelischem Terror blieb sein Leben unter dem großen Bogen des Vertrauens, unter dem großen Bogen und im großen Horizont der Liebe. Aus seinen Briefen wird sichtbar, welche Kraft er aus dem Gebet schöpfte, wenn er in der Todeszelle schreiben konnte:

Ein kleiner Sonnenstrahl
stiehlt sich durchs kleine Kellerfenster
in meine Zellengruft.
Allweiser du, mein Gott,
anbetend stehe ich vor dir.
Wie Schalen sind offen mir
die Hände mein.

Was meiner Seele frommt,
leg du hinein.
Und dankend preis ich dich
für Glück und Leid und Tod.[52]

Beten, das heißt, Gott größer denken. Trauen wir ihm wirklich etwas zu? „Im Gebet müssen wir mutig sein und entdecken, worin die wirkliche Gnade besteht, die wir erhalten, nämlich Gott selbst", sagt Papst Franziskus in einer Meditation über das Gebet.[53] „Ein Gebet, das nicht mutig ist, ist kein richtiges Gebet. Wir müssen Mut haben, darauf zu vertrauen, dass der Herr uns erhört."

Papst Franziskus weiter: „Wenn wir mutig beten, gibt uns der Herr die Gnade, gibt sich aber auch selbst in der Gnade: den Heiligen Geist, sich selbst! Niemals gibt oder schickt der Herr eine Gnade via Post. Niemals! Er bringt sie selbst! Er selbst ist die Gnade! Das, worum wir bitten, ist ein bisschen wie das Geschenkpapier, das die Gnade umhüllt. Aber die wahre Gnade ist er, der kommt, um sie mir zu bringen. Er ist es. Unser Gebet bekommt, wenn es mutig ist, das, worum wir bitten, aber auch das, was noch wichtiger ist: den Herrn."

Kein Gebet bleibt ohne Wirkung. Kein Gebet bleibt ohne Folgen. Das Gebet ist das Netz des Vertrauens, das unser Leben trägt.

Vom Leben in Heiligkeit

Was ist der Traum meines Lebens, meine tiefste Sehnsucht? Das fragen wir uns manchmal in einer stillen Stunde. So manches in unserem Leben läuft eigentlich nicht in die Richtung, wie wir es gerne möchten. Unsere Herzen schlagen oft anders, als es der Lebensalltag von uns fordert. Und natürlich trauen wir uns nicht zu, ein heiliger Martin oder ein Franz von Assisi zu werden. Dazu sind wir zu gering, meinen wir. Also bleiben wir dabei und funktionieren, möglichst mit einem Mehr an Ansehen und Reichtum.

Das „wahre Selbst"

Das andere Leben aber, jenes, von dem unser Herz träumt, hat mit Heiligkeit zu tun. Wir müssen nicht Mutter Teresa sein, wir dürfen „wir selbst" bleiben. Der amerikanische Trappistenmönch Thomas Merton hat in einem seiner bekanntesten Bücher, „Der Berg der sieben Stufen"[54], zwischen einem falschen Selbst und einem wahren Selbst unterschieden. Im Wesentlichen ist das „falsche Selbst" der Mensch, den wir unserer Umwelt präsentieren, der, von dem wir glauben, dass er anderen gefällt: attraktiv, selbstsicher, erfolgreich. Das „wahre Selbst" hingegen ist der Mensch, der wir vor Gott sind. Heiligkeit im Sinne dieses Mönches heißt, Schritt für Schritt herauszufinden, wer dieser Mensch ist und danach zu streben, dieser Mensch zu werden. Ein Heiliger zu sein, heißt für mich, ich selbst zu sein, schrieb Merton.

Finde dein eigenes Kalkutta

Mutter Teresa zum Beispiel hat vielen ihrer Bewunderer, die nach Kalkutta kamen, um sie zu treffen, gesagt, sie sollen ihr eigenes Kalkutta finden. Mit anderen Worten: Blühe da, wo du gepflanzt bist. Entdecke die Heiligkeit in deinem eigenen Leben. Das soll nicht heißen, dass wir Vorbildern, heiligen Menschen, Jesus nicht in irgendeiner Weise nacheifern sollen. Die Evangelien oder die Lebensgeschichten von großen Menschen sind wundervolle Möglichkeiten, um Wege zur Heiligkeit zu entdecken. Doch heilig sein heißt nicht, Mutter Teresa, Martin von Tours oder jemand anderer zu werden. Nein, heilig sein heißt, ich selbst zu werden, den Traum zu leben, den Gott für mein Leben geträumt hat und träumt.

Leben in Dankbarkeit

Jener Mensch zu werden, nach dem mein Herz schlägt, beginnt mit der Dankbarkeit für das Geschenkte. So können die unscheinbarsten Momente in meinem Leben mit großem Licht erfüllt werden. Der amerikanische Schriftsteller Andre Dubus denkt in einem wunderschönen Aufsatz mit dem Titel „Sakramente"[55] über die Entdeckung des Heiligen im Alltag nach. Die Hauptperson dieser Erzählung konnte nach einem Unfall, den er als Mann im mittleren Alter hatte, beide Beine nicht mehr bewegen. Eines Nachts hatte er am Rand einer Fernstraße gestanden, um zwei Motorradfahrern zu helfen, die bei einem Unfall verletzt worden waren. Da wurde er selbst von einem anderen Auto angefahren. In dem Essay beschreibt der Querschnittgelähmte den anstrengenden Vorgang, wie er für seine beiden kleinen Töchter Butterbrote für die Schule macht. Wie er seinen großen, sperrigen Rollstuhl in der winzigen Küche herummanövriert, wie er nach den Geräten greift, wie er versucht, von seiner ungünstigen Position aus die Schranktür zu öffnen. Und wie er so die Brote schneidet, wird ihm klar, was er für seine Kinder tut. „Jeder Moment ist ein Sakrament", schreibt er. „Das Halten von Plastiktüten, Messern, Brot und Schneidebrett, das Schieben des Rollstuhls, das Bestreichen des Brotes mit Senf, das Abschneiden der Leberwurst und des Schinkens. Alles Sakramente ..." Die Berufung zur Heiligkeit ist die Berufung in diesem Sinn: „Sakrament" zu sein für die Menschen, mit denen wir leben.

40 Jahre und eine Ewigkeit

Medizinisch gesehen lebt der heutige Mensch durchschnittlich doppelt so lang wie vor hundert Jahren. Tatsache ist aber auch: Im Bewusstsein lebt der heutige Mensch weniger lang als der Mensch damals. Früher lebte man rund 40 Jahre *und* eine Ewigkeit. Heute lebt man 80 oder 90 Jahre. Diese Bewusstseinsveränderung hat zu einer großen Zeitverknappung geführt. Hatte man früher fast unendlich viel Zeit, so ist Zeit heute eine Mangelware.

Drei Dinge sind es vor allem, die den Menschen heute wichtig sind: Vergnügen. Arbeit. Liebe. Jeder Mensch meint, er müsse in die ihm verbleibende Zeit so viel wie möglich an „Aktivitäten" hineinstopfen. Und etwas ironisch sagt man dann: Der Mensch im dritten Jahrtausend amüsiert sich zu Tode. Er arbeitet sich zu Tode. Und in einem gewissen Sinn liebt er sich zu Tode.

Das Leben als letzte Gelegenheit

Das Leben ist quasi die letzte Gelegenheit. Diese Haltung führt zu großen Stresssituationen. Und man kann sich nur wundern, wie rasch unser Organismus auf Stress reagiert. Auf positive Belastungen ebenso wie auf negative. Alles in uns klagt, ärgert sich, beschwert sich und stöhnt, wenn wir uns dem schlechten Stress ausliefern. Das Gehirn meldet sich, alles steigt mir in den Kopf. Das Auge wehrt sich: Das kann ich nicht mehr mit ansehen. Das Blut gefriert mir in den Adern. Die Lunge ahnt: Etwas schnürt mir die Kehle zu. Das Herz befürchtet: Ich glaube, ich kriege einen Schlag. Der Magen warnt: Ich ärgere mir ein Loch in den Bauch. Die Bauchspeicheldrüse, der Darm, die Muskulatur und und und, sie alle stimmen ein in den Chor der überforderten inneren Organe, um deren Gesundheit der Mensch sonst doch so besorgt ist. Man kann dem Chor Beachtung schenken. Man kann ihn unbeachtet lassen. So oder so, der Stress verändert unser Leben, den Körper und die Seele.

Sonntag: die „wunderbare Zeitvermehrung"

Zu dieser Haltung steht die Idee des christlichen Sonntags quer. Sonntag ist Feier der Auferstehung Jesu. Jede Woche werden wir an unsere Auferstehung erinnert. Am Sonntag feiern wir, dass unser Leben nicht 80, 90 Jahre geht, sondern eben 80, 90 Jahre *und* eine Ewigkeit. So ist das Leben nicht die letzte Gelegenheit, sondern eine gute Gelegenheit.

Ich bin nicht für eine billige Vertröstung des Menschen aufs Jenseits. Das wird der Kirche von Kritikern gelegentlich vorgeworfen. Aber ich bin für die Erweiterung unseres Lebenshorizontes von 90 Jahren auf 90 *und* eine Ewigkeit. Das Leben bekommt so eine andere Dimension, eine andere Tiefe. Aus beruflicher Hektik, Freizeitstress und nervösem Eventtourismus können eine christlich motivierte Gelassenheit und tiefe Freude werden. Dieser Augenblick ist nicht die *letzte* Gelegenheit, sondern er ist eine *gute* Gelegenheit.

Verweilen

Lass mich langsamer gehen, Herr.
Entlaste das eilige Schlagen meines Herzens
durch das Stillwerden meiner Seele.

Lass meine hastigen Schritte stetiger werden
mit dem Blick auf die weite Zeit der Ewigkeit.
Gib mir inmitten der Verwirrung des Tages
die Ruhe der ewigen Berge.

Löse die Anspannung meiner Nerven und Muskeln
durch die sanfte Musik der singenden Wasser,
die in meiner Erinnerung lebendig sind.

Lass mich die Zauberkraft
des Schlafes erkennen,
die mich erneuert.

Lehre mich die Kunst des freien Augenblicks.
Lass mich langsamer gehen,
um eine Blume zu sehen,
ein paar Worte mit einem Freund zu wechseln,
einen Hund zu streicheln,
ein paar Zeilen in einem Buch zu lesen.

Lass mich langsamer gehen, Herr,
und gib mir den Wunsch,
meine Wurzeln tief in den ewigen Grund
zu senken,
damit ich emporwachse
zu meiner wahren Bestimmung.

(aus Südafrika)[56]

EINER WIRD KOMMEN

Das adventliche Verkehrsschild

Bei einer Autofahrt nähere ich mich einer Baustelle. Ein Wirrwarr von Verkehrsschildern versucht mir das richtige Verhalten anzuzeigen. Und wie aus dem Nichts berührt mich ein Gedanke. Auf dem Weg nach Weihnachten stehen auch unendlich viele Verkehrsschilder.

Signalwirkungen

Vorfahrt. Besonders zur Weihnacht haben sie Vorfahrt, die vielen Geschenke. Zu keiner Zeit während des Jahres wird so viel angeboten, angefertigt, gekauft. Schon sechs Wochen vor Weihnachten erklingen sie im Supermarkt, die Töne der Weihnacht.

Einbahnstraße. Klar und deutlich wird uns die Richtung angegeben: Weihnachten heißt kaufen. Eine andere Wegstrecke ist fast nicht möglich, wird „bestraft". Durch Kopfschütteln werden Menschen gerne belächelt, die sich diesem Rausch nicht hingeben wollen. Einsamkeit droht, wenn an den Glühweinständen nicht Rast gemacht wird.

Nachrang. In einer Nische entdecke ich oft das Kleine, das Unscheinbare. Ein ganz besonderes, persönliches Geschenk. Dabei kann es erst Juli sein, Hochsommer. Der Gedanke an den lieben Menschen zählt, heißt es doch. Im Tumult der Adventgeschäftigkeit bleibt sie auf der Strecke, die persönliche Beziehung. Und damit auch meine Beziehung zum Geschenk, das ich machen möchte.

Höchstgeschwindigkeit. Höchstgeschwindigkeit möchte ich entwickeln in der Entschleunigung meines persönlichen Advents. Auf die Bremse treten. Der Besuch bei einem Freund, bei einem, der in Not ist, bei einsamen Menschen soll mein Tempo bestimmen.

Geschwindigkeitsbegrenzung. Damit ist sie mir geschenkt, die Geschwindigkeitsbegrenzung. Denn eines ist gewiss: Wir dürfen auf die richtige Geschwindigkeit achten, das sagt uns bei aller Einkaufshektik die Stimme des Herzens. Advent darf nicht in Hetze und in Eile aufgehen. Das ist doch unser aller Vorsatz. Und das fast jedes Jahr.

Parkplatz. Also steuern wir doch einen der Parkplätze an, wunderbare Ruhezonen im Weihnachtstempo. Die gibt es, sie verlocken zum Anhalten. Wir dürfen zur Ruhe kommen, beim Schein der Kerzen. Und dann erkennen wir es, das neue Verkehrsschild. Und dieses Schild ist mehr als notwendig.

Folge deinem Herzen

Ein weißes Herz auf blauem Grund. Folge deinem Herzen. Eine ganz schlichte Botschaft. Die Geschenke und unsere Herzen können sich verbinden. Elegant und vor allem: aufrichtig. Passend dazu habe ich eine Geschichte, die ich gerne weitererzähle:

Es war Weihnachten. Und die kleine Tochter überreicht dem Vater eine golden verpackte Schachtel. Sie hat dafür das gesamte wertvolle Geschenkpapier aufgebraucht, und weil das Geld knapp ist, ist der Vater darüber verärgert. Als er dann das Geschenk öffnet und sieht, dass die Schachtel leer ist, schimpft er: „Weißt du denn nicht, junge Dame, dass, wenn man jemandem ein Geschenk macht, in der Verpackung auch etwas drinnen sein soll?" Die Augen seiner kleinen Tochter füllen sich mit Tränen, und sie sagt: „Aber Papa, die Schachtel ist nicht leer. Ich habe so viele Küsschen hineingetan, dass sie ganz voll war." Beschämt nahm der Vater seine Tochter in den Arm und bat sie um Verzeihung.

Ein Krippenschild

Das wichtigste Verkehrsschild ist jenes, das uns zur Krippe führt. Folge deinem Herzen. Das Wahrnehmen des Wertvollen, des Leisen in unserem Leben. Geschenke haben ja nur den einen Sinn: Sie sollen unsere Gedanken, unsere Gefühle für jemanden bildhaft zum Ausdruck bringen. Wenn wir dem Geheimnis von Weihnachten unser Herz hinhalten, dann kann es geschehen: Gott wird Mensch.

Ein Nachmittag im Advent

Ein Besinnungsnachmittag im Advent. Pater Christoph erzählt über das Licht des Adventkranzes. Über den Frieden und die Hoffnung. Vor ihm sitzen Eltern, Freunde, Verwandte und Bekannte, die alle eines gemeinsam haben: Sie sind in irgendeiner Form verbunden mit einem Kind mit dem sogenannten Down-Syndrom. Kinder zünden Kerzen an, Eltern sprechen Fürbitten, Jugendliche spielen auf der Orgel. Da kommt man ins Staunen über all die Fähigkeiten, die hier so unspektakulär gezeigt werden.

Das Wunder des Kindes

Kinder sind Adressaten vieler Feiern im Verlauf des Jahres. Kinder tragen viel dazu bei, dass wir die guten, lebensfördernden Botschaften in den Blick nehmen. Wenn uns ein Kind geboren wird, staunen wir über die Zerbrechlichkeit des kleinen, jungen Lebens. Zugleich staunen wir über das Wunder, das uns Menschen mit der Geburt jedes Kindes widerfährt. All unsere Sehnsüchte, all unsere Hoffnungen verdichten sich in diesem neugeborenen Leben. Wir denken in diesem Augenblick nicht daran, dass sich nichts Wesentliches ändern wird: die Prägung der Ellbogentechnik, die Sprache der Eigensucht, die Stimme des Neids, auch Angriffslust und Lüge – so, wie es Generationen vor uns gelehrt haben. Und doch hoffen wir im Augenblick der Geburt. Ein Kind bedeutet für uns immer die Rettung der Welt.

Rettung der Welt

Ein Licht anzünden ist ein Symbol für neues Leben. „Das Volk, das im Dunkel lebt, sieht ein helles Licht; über denen, die im Land der Finsternis wohnen, strahlt ein Licht auf ... Jeder Stiefel, der dröhnend daherstampft, jeder Mantel, der mit Blut befleckt ist, wird verbrannt, wird ein Fraß des Feuers. Denn uns ist ein Kind geboren, ein Sohn ist uns geschenkt." (Jesaja 9,1–4) Jesaja, der Prophet im achten Jahrhundert vor Christus, lebte in einer Zeit der Bruderkriege, und inmitten der unfriedlichen Zeit kam ihm – entsprungen aus tiefstem Herzen – dieses Bild entgegen. Das Urbild vom heilen, aus aller Angst befreiten Menschsein. Ihm ging ein Licht auf. In der Gestalt eines königlichen Kindes sah er einen Ausweg, sah er die Lösung. „Die Herrschaft liegt auf seiner Schulter; man nennt ihn: wunderbarer Ratgeber, starker Gott, Vater in Ewigkeit, Fürst des Friedens." (Jesaja 9,5)

Nacht, in der die Liebe zur Welt kommt

Wir dürfen getrost die Ellbogentechnik unserer Welt vergessen. Wir dürfen die Lüge vergessen und auch den Neid. Im Angesicht der Geburt Christi liegt die große Chance, diese Welt ein Stück weiser, stärker, friedlicher zu machen. Im Angesicht der Kinder mit Down-Syndrom sehe ich diese Weisheit, diesen Frieden, diese Freude am Leben, die vielen Talente. Ich sehe die Freundschaften, den nur auf den ersten Blick ungewöhnlichen und doch so normalen Umgang miteinander, die Freude der Eltern, der Bekannten und Verwandten. Jede und jeder von uns hat die Chance zu begreifen, dass Gott uns keine Prüfungen auferlegt, sondern Freude schenkt. Dabei wissen wir, dass Kinder mit Down-Syndrom nach ihrer Integration in Kindergärten und Schulen oft in ein soziales Vakuum entlassen werden. Sie scheinen für viele Menschen nicht geeignet genug, um geforderte Arbeitsleistungen zu erbringen. Die Weihnacht schenkt uns die Chance, anders zu denken und zu handeln. Sie kann uns inneren Frieden schenken und offene Augen, um die vielen Hoffnungen in unserem Leben wahrzunehmen. Meistens wird Gott ganz leise Mensch.

Heile Familie?

Ich kenne eine besondere, ausgestoßene Familie. Sie lebt in ärmlichen Verhältnissen, als die Frau ein Kind bekommt. Sie hält zusammen, komme, was wolle. Solch fragloses Zu-einander-Stehen findet man selten. Ihre Lage bessert sich bald, trotz Verfolgung und Suche nach Asyl. Schließlich werden sie sesshaft.

Sie wissen, von wem die Rede ist? Es ist die „Familienge-schichte" von Maria, Josef und Jesus. Ihre Suche nach Her-berge, ihr Werden. Vielen Menschen geht es heute so, wie es vor mehr als zweitausend Jahren den Eltern Jesu ergangen ist.

Moderne Kleinfamilie

Kürzlich stellte mir jemand provokant die Frage, ob es sich vielleicht um die „Urform einer modernen Kleinfamilie" handle. Die Frage ist berechtigt. Von vielen Menschen wird die Familie als „Patient" bezeichnet. Dies unterstellt, dass sie in vielerlei Hinsicht krank sei. Ich denke dabei an die Schwierigkeiten am Anfang des Lebens, und dann wieder kommen mir die Schwierigkeiten am Ende eines Daseins in den Sinn. Im einen Fall kann das Leben von Abtreibung bedroht sein, im anderen von Sterbehilfe. Ich komme nicht umhin, an die vielen Verstoßenen und Suchenden zu den-ken. Oft steht eine Familie „unter keinem guten Stern". Fa-milien zerbrechen, ordnen sich neu. Sind schmerzvollen Belastungen ausgesetzt. Nur kraft der Liebe und der Hoff-nung können sie zusammenhalten.

Jesus in die Familie gebettet

Der Blick auf die heilige Familie zeigt uns, wie aus Unheil
– der Flucht, dem Verstecken – Heil werden kann. Das Interesse an der Familie Jesu begann sich erst nach und nach zu
entwickeln. Das Augenmerk der Evangelien galt den letzten
Lebensjahren Jesu, den Jahren, als er in Galiläa umherzog,
Kranke heilte, Tote zum Leben erweckte und von der An-
wesenheit Gottes unter den Menschen predigte. Erst später
wuchs das Interesse am Verhältnis Jesu zu seiner Familie. Die
Menschen vor allem des 19. Jahrhunderts versuchten, die
Nähe zu Jesus durch eine immer genauere Kenntnis seiner
Lebensumstände zu suchen. Jesus und seine Familie wurden
zum Vorbild der Frömmigkeit und des Familienlebens.

Aus den Mühen des Alltags

Heute, im 21. Jahrhundert, zeigt sich das in einer ganz
neuen Perspektive. Das Familienbild ist in einem großen
Wandel begriffen. Ein Leben in einer sicheren und bergen-
den Familie gehört immer noch zu den ganz großen Sehn-
süchten der Menschen, besonders der Kinder und Jugendlichen. Für viele kann diese Sehnsucht jedoch nicht mehr
Wirklichkeit werden. Ehen werden geschieden, die Anzahl
der Geburten geht zurück. Gerade hierin liegt die enorme
Bedeutung, das Ideal der heiligen Familie zu erkennen. Eine Rückbesinnung auf die Evangelien macht neuen Sinn.
Die Herbergssuche, eine Geschichte voller Hürden, eine
Geschichte des Unheils, zeigt auf eindrückliche Weise:
Nichts muss gut sein, damit es schließlich gut wird. Jesus,
der menschgewordene Sohn Gottes, wurde unter denkbar
schlechten Vorzeichen geboren – heimatlos, verfolgt. Und

schließlich schenkte er dieser Welt sein Heil, mit seiner ganzen Hingabe und Liebe. Das gibt Hoffnung und Zuversicht. Nicht das sanfte Bettchen ist der Geburtsort Gottes, sondern die Futterkrippe im Stall. In den Mühen unseres Alltags wächst das Heilvolle heran.

Schlüssel des Verstehens

In offene Augen zu schauen und zu hören: „Ich kann dich verstehen", löst wohltuende Gefühle aus. Vielleicht sind mir meine Sorgen nicht genommen, vielleicht bleibt, was mir weh tut. Aber ich habe das Gefühl, dass jemand meine Last mit mir trägt. Die offenen Augen signalisieren, dass ich einen Menschen gefunden habe, der nachempfinden kann, wie ich mich in meiner Haut fühle, der erkennt, wo mich der Schuh drückt.

Wenn jemand zu mir sagt: „Ich kann dich verstehen", dann bin ich nicht mehr allein. Jemand trägt meine Sorgen mit mir, trägt meine Fragen, trägt mein Leid und teilt meine Geheimnisse und meine Freude. Gott sagt zu jedem Einzelnen von uns: „Ich kann dich verstehen." Das berührt mich. Durch das Kind in der Krippe sagt Gott: „Ich weiß, wie es um dich steht, wo dich der Schuh drückt, weil ich menschliche Füße hatte. Ich weiß, was unter deiner Haut steckt, weil ich selber in sie geschlüpft bin."

Weihnachten gibt uns die Gelegenheit, in offene Augen zu sehen. Und wenn wir die Wunder in ihrer Tiefe erfahren wollen, dann ist auch dazu an Weihnachten immer wieder Gelegenheit. Wir können die Weihnachtsgeschichte, ähnlich einem Ritual, einfach lesen: unter dem Christbaum, in der Mette. Aber wenn wir die Tiefe von Weihnachten erfahren, erleben wollen, dann braucht es einen kleinen Schritt mehr.

Stille Nacht

Wir brauchen dazu einen „Schlüssel", der uns das Tor öffnet „hinter die leuchtenden Kinderaugen". Dieser Schlüssel ist die Stille. Das kann ein stiller Raum sein, in dem ich das Geschehen von Bethlehem in mein Herz aufnehme. Das kann ein ruhiger Weihnachtsspaziergang am Heiligen Abend sein, mit dem Partner, allein, mit der Familie oder mit Freunden. Das kann der Besuch eines lieb gewordenen Platzes sein, ein Ort, an dem man sich das ganze Jahr über wohlfühlt. Es gibt eine Vielzahl stiller Räume.

Heilige Nacht

Viele sind aufgebrochen in der Heiligen Nacht. Hin zur Krippe. Viele haben an Jesus geglaubt und sie haben ihn gefunden. Um das Geheimnis der Tiefe an Weihnachten zu erfahren, sollten auch wir aufbrechen. Ein weiterer, kleiner Schlüssel. Wir finden die „offenen Augen" in der Krippe, wenn wir festgetretene Pfade verlassen, wenn wir alte Gewohnheiten über Bord werfen. Die Hirten und die Weisen sind aufgebrochen. Gott kann, ja er soll gesucht und gefunden werden.

Eine Erzählung aus der jüdischen Literatur enthält einen wertvollen Gedanken. Es ist die Geschichte vom alten

Baruch und seinem Enkel Jechiel. Der Jechiel, so heißt es dort, kommt weinend in die Wohnstube des Meisters gelaufen und dieser fragt ihn: „Sag, warum weinst du?" „Meine Freunde sind gemein und deshalb weine ich." „Sag, Jechiel, willst du mir das nicht von Anfang an erzählen?" „Ja, Großvater. Wir haben Verstecken gespielt und ich war an der Reihe, mich zu verstecken. Und ich habe mich sehr gut versteckt, das kannst du mir glauben. Und meine Freunde haben mich gesucht und sie haben mich nicht gleich gefunden. Und dann – stell dir vor – haben sie einfach aufgehört, mich zu suchen. Sie haben mich nicht weiter gesucht, und das finde ich gemein. Und deswegen muss ich weinen." Und es heißt dann in der Geschichte, dass der alte Rabbi sich zu seinem Enkel niederkniet, ihm selber Tränen in die Augen kommen und er sagt: „Siehst du, Jechiel, so ist es auch mit Gott. Er hat sich vor uns versteckt und die Menschen suchen ihn nicht einmal mehr. Verstehst du? Sie suchen ihn nicht einmal mehr."[57]

Einsam wacht …

Und schließlich brauchen wir vielleicht auch den Schlüssel der Anbetung und des liebenden Staunens. Kleine Kinder, neugeborene Kinder öffnen das Herz. Sie sind wie ein Schlüssel, dem sich keine Tür des Herzens verschließen kann. Gerne werden sie aufgenommen, leicht können sie eindringen. Gott wird auf ganz sympathische Weise Mensch. So kann ich an die göttliche Herkunft dieses Kindes von Bethlehem glauben. Kommt, lasset uns anbeten.

Anmerkungen

1 Predigt von Papst Franziskus am 7. Juli 2013 im Petersdom an Seminaristen und Ordensnovizinnen und -novizen

2 Papst Franziskus, Apostolisches Schreiben Evangelii Gaudium, 24. November 2013, Nr. 288

3 Aus: Herbert Pietschmann, Vom Spaß zur Freude. Die Herausforderung des 21. Jahrhunderts, Ibera Verlag, Wien 2004

4 Nach Lukas 21,28; Gotteslob 634,3

5 Teresa von Avila, Das Buch meines Lebens, Herder Verlag, Freiburg im Breisgau, 7. Aufl. 2013, S. 37

6 Martin Heidegger, Gesamtausgabe, Band 13, Frankfurt am Main 1983, S. 90

7 Andreas Knapp, Höher als der Himmel. Göttliche Gedichte, Echter Verlag, Würzburg, 2. Aufl. 2012, S. 51 (Abdruck mit freundlicher Genehmigung des Verlags)

8 Rose Ausländer, Wort an Wort. Aus: Dies., Gelassen atmet der Tag. © S. Fischer Verlag GmbH, Frankfurt am Main 1984, S. 107 (Abdruck mit freundlicher Genehmigung des Verlags)

9 Elisabeth Lukas, Binde deinen Karren an einen Stern, Verlag Neue Stadt, München, 2. Aufl. 2011

10 Willi Hoffsümmer (Hg.), 255 Kurzgeschichten für Gottesdienst, Schule und Gruppe, Matthias-Grünewald-Verlag, Mainz 1981, S. 20

11 Viktor Frankl, Der Wille zum Sinn, Piper Verlag, München, 4. Aufl. 1997, S. 188

12 Ebenda

13 Phil Bosmans, Vergiss die Freude nicht, Verlag Herder, Freiburg im Breisgau 2012 (Abdruck mit freundlicher Genehmigung von Herder)

14 Aus: Urban Camenzind-Herzog, Die Alternative, Kanisius Verlag, Freiburg/CH 1994

15 Abraham Maslow, Religions, Values and Peak-experiences, Ohio State University Press, Columbus 1964

16 Viktor Frankl, Der Mensch vor der Frage nach dem Sinn. Eine Auswahl aus dem Gesamtwerk. Piper Verlag, München-Zürich, 2. Auflage 1980

17 Walter, Rudolf (Hg.), Gelassenwerden, Herder Verlag, Freiburg-Basel-Wien 1996, S. 44

18 Martin Gutl, In vielen Herzen verankert, Styria Verlag, Wien 2014, S. 119 (Abdruck mit freundlicher Genehmigung des Verlags)

19 Anne Frank Tagebuch. Einzig autorisierte Fassung Otto H. Frank und Mirjam Pressler. © 1991 by ANNE FRANK-Fonds, Basel. Alle Rechte vorbehalten S. Fischer Verlag GmbH, Frankfurt am Main (Abdruck mit freundlicher Genehmigung des Verlags)

20 Shalom Ben-Chorin, Werke, Band 2. Ich lebe in Jerusalem, Gütersloher Verlagshaus, Gütersloh 2003, S. 176

21 Dietrich Bonhoeffer, Widerstand und Ergebung. Briefe und Aufzeichnungen aus der Haft, Gütersloh 1980, 11. Aufl. S. 177

22 Papst Paul VI., Enzyklika Ecclesiam suam (1964), Nr. 70

23 Viktor Frankl, Der Mensch auf der Suche nach Sinn, Herder Verlag, Freiburg im Breisgau, 1972

24 Hermann Hesse, Demian, Bibliothek Suhrkamp, Berlin 1972, S. 205

25 Vgl. Josef Maureder SJ, Wir kommen, wohin wir schauen. Berufung leben heute, Tyrolia Verlag, Innsbruck-Wien, 4. Aufl. 2007

26 Nelly Sachs, Gedichte, Bibliothek Suhrkamp, Berlin 1999

27 Sabine Ulrich, Leipziger Grußkarte Nr. 1005, Thomas Verlag, Leipzig

28 Anne-Laure Bondoux, Die Zeit der Wunder, Übersetzung: Maja von Vogel, © der deutschen Ausgabe: Carlsen Verlag GmbH, Hamburg 2011, S. 171, Originalausgabe: Le temps des miracles, © Bayard Editions 2009

29 Hilde Domin, Nicht müde werden. Aus: Dies., Gesammelte Gedichte. © S. Fischer Verlag GmbH, Frankfurt am Main 1987, S. 294 (Abdruck mit freundlicher Genehmigung des Verlags)

30 Erich Kästner, Die vier archimedischen Punkte, in: Die kleine Freiheit, S. Fischer Verlag, Frankfurt am Main 1963, S. 107

31 Josef Maureder SJ, Wir kommen, wohin wir schauen. Berufung leben heute, Tyrolia Verlag, Innsbruck-Wien, 4. Aufl. 2007, S. 9

32 Wanke, Joachim, Elisabeth will uns in Bewegung bringen. Vgl. www.bistum-erfurt.de/front_content.php?idart=9552

33 Paul Watzlawick, in: Jochen Schweitzer, Arnold Retzer, Hans Rudi Fischer (Hg.), Systemische Praxis und Moderne, Frankfurt/Main 1994, S. 96f.

34 Romano Guardini, Das Gute, das Gewissen und die Sammlung,
    Matthias-Grünewald-Verlag, Mainz 1953
35 Nach: Willi Hoffsümmer (Hg.), Kurzgeschichten 2, Matthias-Grü-
    newald-Verlag, Mainz 1983, S. 45
36 Almut Haneberg, in: Ferment 1/2008 (Abdruck mit freundlicher
    Genehmigung der Autorin)
37 Joseph von Eichendorff, in: Gedichte, die glücklich machen, Insel
    Taschenbuch, S. 37
38 Georges Bernanos, Jeanne, relapse et sainte, 1934
39 Jean Vanier, Heile, was gebrochen ist. Die Botschaft vom ganzen
    Menschen, Herder Verlag, Freiburg im Breisgau-Basel-Wien 1990
40 Rainer Maria Rilke, Das Buch der Bilder, Suhrkamp Verlag, Berlin
    1996
41 David Steindl-Rast, Die Achtsamkeit des Herzens, © 1992 Wilhelm
    Goldmann Verlag, München, in der Verlagsgruppe Random House
    GmbH, Übersetzung: Vanja Palmers, S. 28
42 Anthony de Mello, Eine Minute Unsinn. Weisheitsgeschichten,
    Herder Verlag, Freiburg, Neuausgabe 2012, S. 205 (Abdruck mit
    freundlicher Genehmigung von Herder)
43 Andreas Knapp, Brennender als Feuer. Geistliche Gedichte, Echter
    Verlag, Würzburg, 6. Auflage 2012, S. 54 (Abdruck mit freundlicher
    Genehmigung des Verlags)
44 Sergio Bambaren, Stella. Ein Weihnachtsmärchen, © Piper Verlag
    GmbH, München, 4. Aufl. 2013 (Abdruck mit freundlicher Geneh-
    migung des Verlags)
45 Viktor E. Frankl, Der leidende Mensch. Anthropologische Grund-
    lagen der Psychotherapie, Piper-Verlag, München 1990, S. 202
46 Blaise Pascal, Das Herz hat Gründe, die der Verstand nicht kennt.
    Schöne Gedanken, Marix-Verlag, Wiesbaden 2012, S. 145
47 Antoine de Saint-Exupéry, Der kleine Prinz, Verlag Die Arche,
    Zürich 1950
48 John O'Donohue, Echo der Seele. Von der Sehnsucht nach Gebor-
    genheit, Deutscher Taschenbuch Verlag, München, 7. Aufl. 2010,
    S. 23
49 Gabriele Böheim-Galehr, Helga Kohler-Spiegel, Lebenswelten.
    Werthaltungen junger Menschen in Vorarlberg, StudienVerlag,
    Innsbruck-Wien-Bozen 2011

50 Arno Geiger, Der alte König in seinem Exil, Carl Hanser Verlag,
    München 2011
51 Franz Jägerstätter, Der gesamte Briefwechsel mit Franziska. Aufzeich-
    nungen 1941–1943, Styria Verlag, Wien-Graz-Klagenfurt 2007, S. 196
52 Susanne Emerich (Hg.), Hätte ich nicht eine innere Kraft … Carl
    Lampert, Tyrolia Verlag, Innsbruck, 2. Aufl. 2012, S. 111
53 Papst Franziskus, Frühmesse im vatikanischen Gästehaus Santa
    Marta am Donnerstag, 10. Oktober 2013, http://w2.vatican.va/
    content/francesco/de/cotidie/2013/documents/papa-francesco_
    20131010_meditazioni-60.html
54 Thomas Merton, Der Berg der sieben Stufen, Patmos Verlag, Ost-
    fildern, 4. Aufl. 2010
55 Andre Dubus, Making sandwiches for my daughters, in: God is
    love. Essays from Portland Magazine, 2003, S. 18
56 Aus: Gebete und Lieder für unterwegs, hg. Akademie für Bruder-
    hilfe Familienfürsorge, Kassel
57 Nach Martin Buber, Chassidische Geschichten, Manesse Verlag,
    Zürich 1949, S. 191

Bildlegenden

Seite 18: Fischer am Viktoriasee, Uganda
Seite 33: Gartentage, Lindau
Seite 41: Blick auf Zimbaspitze, Kristberg, Montafon
Seite 63: La Défense, Paris
Seite 78: Bei Cluny, Burgund
Seite 85: Unterführung Widnau, Feldkirch
Seite 103: Abbaye Saint-Philibert, Tournus, Burgund
Seite 111: Place Saint-Eustache, Paris
Seite 130: Garten, Feldkirch
Seite 138: Ulmer Münster, Ulm
Seite 153: Kanisfluh, Bregenzerwald
Seite 163: Autobahnmeisterei, Hohenems (Fotomontage)